KB219338

기도하면
살아난다

하나님 나라 기도운동

기도하면 살아난다

지은이 | 이인호
초판 발행 | 2018. 11. 14
7쇄 발행 | 2023. 9. 22
등록번호 | 제1988-000080호
등록된 곳 | 서울특별시 용산구 서빙고로65길 38
발행처 | 사단법인 두란노서원
영업부 | 2078-3352   FAX | 080-749-3705
출판부 | 2078-3331

책값은 뒤표지에 있습니다.
ISBN 978-89-531-3315-0 03230   Printed in Korea

독자의 의견을 기다립니다.
tpress@duranno.com   www.duranno.com

* 본문에 인용된 성경은 표기가 없는 한 개역개정임을 밝힙니다.

두란노서원은 바울 사도가 3차 전도여행 때 에베소에서 성령 받은 제자들을 따로 세워 하나님의 말씀으로 양육하던
장소입니다. 사도행전 19장 8-20절의 정신에 따라 첫째 목회자를 돕는 사역과 평신도를 훈련시키는 사역, 둘째 세계
선교(TIM)와 문서선교(단행본·잡지) 사역, 셋째 예수문화 및 경배와 찬양 사역, 그리고 가정·상담 사역 등을 감당하고 있
습니다. 1980년 12월 22일에 창립된 두란노서원은 주님 오실 때까지 이 사역들을 계속할 것입니다.

기도하면

하 나 님 나 라 / βασιλεια του θεου / 기 도 운 동

살아난다

이인호 지음

두란노

| 목차 |

6 하나님의 역사를 이루려면 기도운동을 이어 가라

• 기도운동의 6단계

지금도 선명하게 생각난다. 개척하고 불과 1년이 채 안 된 어느 날, 교회가 날로 성장하고 있을 때 새벽에 무릎을 꿇고 기도하면서 주님께 여쭈었다. "주님, 요즘 개척 교회가 어렵다고 하는데, 상가 4층에 있는 우리 교회는 왜 성장하는 것일까요?" 그때 주님이 말씀해 주셨다. "지금 너의 모교회 성도들이 너를 위해 기도하고 있다."

나는 모교회인 사랑의교회에서 고(故) 옥한흠 목사님과 함께 8년간 사역했다. 젊은이 사역을 하던 어느 날 옥 목사님이 나를 불러 말씀하셨다. 사랑의교회가 제자훈련은 잘하는데 기도는 약하다고들 하니 영성훈련원을 만들어서 기도 사역을 활성화시켜 보라는 요지였다. 당시 사랑의교회는 결코 기도가 약한 교회가 아니었다. 나는 다락방(구역) 모임과 제자훈련을 탐방하면서 그룹별로 진지하고 뜨겁게 기도하는 모습을 보았고, 성도 한 사람, 한 사람이 골방에서 개인적으로 주님의 말씀을 묵상하고 기도하는 등 깊은 영성으로 잘 훈련되어 있음을 경험했다. 단지 함께 모여 부르짖으며 기도하는 집회가 자주 없었기에 겉으로 드러난 모습이 약해 보일 뿐이었다. 이처럼 기도 훈련이 잘된 분들을 대상으로 기도 사역을 펼쳐 가기란 어려운 일이 결코 아니었다.

나는 중보기도 사역을 맡은 덕분에 매주 금요심야기도회 때 1,000명 가까운 성도들에게 설교하고 기도회를 인도하는 특권을 누렸다. 이 사역을 통해 사랑의교회를 사임하기까지 3,000여 명의 성도들을 중보기도 사역자로 훈련시켰다. 그분들과 4년 동안 정말 큰 은혜를 누렸다. 바로 그분들의 쉬지 않는 기도 덕분에 당시 우리 교회는 개척 교회로서 겪는 여러 풍랑을 잘 견디며 성장하고 있었던 것이다.

그날 내 질문에 대한 하나님의 답은 배후에 존재하는 강력한 기도의 후원 덕분에 교회가 위기를 잘 넘기며 성장하고 있다는 것이었다. 이제 돌아보니 나처럼 기도 후원을 많이 받으며 교회를 개척한 사람이 또 있을까 싶다.

중요한 것은 지금도 기억에 생생한 그날의 음성이 한편에서는 큰 격려가 되었지만, 다른 한편에서는 위기감을 가져다주었다는 사실이다. 누구나 얼굴이 멀어지면 기억에서 멀어지고, 기억에서 멀어지면 기도에서도 점차 멀어진다. 그런데 지금 교회가 성장하는 이유가 모교회 성도들의 기도 덕분이라면 이제 점차로 기도 후원이 약해질 것 아닌가? 그러면 교회가 점차 힘을 잃을 것이 불 보듯 뻔한 일이 아닌가?

그래서 바로 그날 아침, 기도 후원이 끊기기 전에 기도의 자립을 해야겠다고 생각했다. 그때부터 성도들이 교회를 위해서 기도할 수 있도록 중보기도 훈련을 해 왔고, 지금까지 중보기도의 행렬을 이어 가고 있다. 오늘날 더사랑의교회가 성장한 이유를 말하라면 지금까지 펼쳐 온 중보기도 사역을 가장 먼저 꼽지 않을 수 없다. 기도가 모든 사역의 배후에서 심장과 같은 역할을 해 온 것이다.

중보기도 사역을 시작할 때 지금도 잊히지 않는 한 가지 가슴 찡한 경험이 있다. 교회를 개척하고 나서 1년이 넘도록 월요일에 쉬지를 않았다. 열정이 너무 넘쳤기 때문이기도 했지만, 다른 한편으로는 쉼 없이 다가오는 풍랑으로 흔들거리는 조각배 같은 개척 교회의 목사로서 도저히 쉴 수가 없었다. 그래서 월요일 오전이면 엘리베이터를 타고 올라가 상가 4층에서 내려 교회를 찾았다. 불 꺼진 예배당에 혼자 멍하니 앉아 있기도 하고, 의자 사이를 돌아다니며 기도하기도 하고, 예배 시간이면 주무시는 성도가 항상 앉는 자리에 앉아 하나님이 은혜를 주시도록 간구하기도 했다. 그렇게라도 해야 마음이 안정되었다.

그러던 어느 월요일 오전이었다. 그날도 어김없이 무거운 마음을 이끌고 교회를 찾았다. 엘리베이터를 타고 상가 4층에서 내렸는데, 컴컴한 복도 한쪽에서 기도 소리가 들렸다! 바로 전 주간에 훈련 받은 제1기 중보기도 단원 중에 한 분이 복도 끝에 창고를 개조해 만든 중보기도실에서 기도하고 계셨던 것이다. 지금도 잊히지 않는 그 기도 소리는 당시 내게 하늘에서 들려오는 천사의 음성과 같았다. 마치 천군만마가 몰려오는 소리처럼 여겨졌다. '이제 더 이상 나 홀로 외로이 고민하고, 기도하며, 고군분투하는 목회가 아니다!' 얼마나 고마웠던지, 지금도 생각하면 눈물이 날 것 같다.

그 후 특별한 일이 있기 전에는 더 이상 월요일 오전에 교회에 가지 않았다. 드디어 마음에 안식이 찾아왔던 것이다. 성도가 기도의 동역자가 되어 주는 것이 목사에게 얼마나 큰 힘과 위로가 되는지 가슴 절절이 경험했다. 내게 가장 소중한 목회 자산을 꼽으라고 한다면 바로 교회를 위해서 기도하는 기도의 동역자들이라고 말하고 싶다. 그분들이야말로 오늘 교회의 심장을 박동하게 하고, 예배 때마다 하나님의 임재가 이루어지게 하며, 연약하고 부족한 목사가 무거운 짐을 넉넉히 감당하게 하는 동력이다. 한편 목회의 가장 큰 손실과 위기를 말하라면 기도의 동역자들이 기도를 쉬는 것이며, 기도 자원자가 줄어드는 것이다.

한국 교회 쇠퇴기, 희망은 있는가?

많은 사람이 지금 한국 교회가 쇠퇴기에 이르렀다고 진단한다. 세상 모든 것은 '태동기-성장기-성숙기-쇠퇴기'라는 생애 주기를 가진다. 하나의 조직체로서 교회도 마찬가지다. 개척한 후 전도하고, 기도하고, 열심히 수고할 때 서서히 성장하다가 임계점을 돌파하면서 갑자기 2배, 3배 폭발적으로 성장하는 시기가 찾아온다. 그런데 대부분 성장기를 지나 성숙기에 들어서는 지점에서는 성장이 멈추고 곧 쇠퇴기를 맞이한다.

한국 교회는 1960년대에는 연평균 10만 명씩, 1970년대에는 연평균 20만 명씩, 1978년부터는 연평균 100만 명씩 급성장했다(성장기). 그래서 세계에서 교회가 가장 빠르게 성장한 나라로 불렸고, 세계 10대 대형 교회에 든 것을 자랑했으며, 세계에서 인구 대비 가장 많은 선교사를 보낸 나라가 되었다. 그러나 1980년대에 이르면서(성숙기) 약 5%대 미만의 성장률을 보이며 주춤하다가 1990년대부터는 정체 내지는 완만한 마이너스 성장으로 돌아섰다(쇠퇴기).[1] 그러다가 최근 들어서는 문을 닫는 교회들이 해마다 늘어나고 있고, 한때 기도하러 온 성도들로 인산인해를 이루던 기도원들은 찾아오는 이가 없어서 매각하려고 내놓은 실정이다. 신학교 지원자뿐만 아니라 대학생 선교 단체 회원도 현저하게 줄고 있으며, 73%가 넘는 교인들이 주일에만 교회에 출석하고, 1인당 전도하는 평균 숫자가 불교인보다 낮은 형편이다.

비종교인을 대상으로 한 호감 종교에 대한 조사 결과는 불교(25%), 천주교(18%), 개신교(10%) 순이었다. 한국기독교목회자협의회의 조사에 따르면, 비종교인 중에 과거 종교를 묻는 질문에 기독교가 50%, 천주교가 24.3%, 불교가 25.6%로 기독교의 이탈 현상이 가장 심한 것으로 나타났다. 주일학교 인원수는 장년 대비 30% 정도에 불과하고, 그나마도 매년 30%씩 줄고 있어서 이대로 30년이 지나면 30-40만 명으로 줄어들 것으로 예측하고 있다. 지금의 한국 교회는

거센 쇠퇴기의 물결에 저항하지 못한 채 휩쓸려 가고 있다.[2]

이러한 때 한국 교회는 어떻게 해야 할까? 오늘 우리 시대와 동일한 상황 속에서 유럽 교회가 쇠퇴기를 지나고 있을 때 20세기 최고의 강해설교자 마틴 로이드 존스(Martyn Lloyd-Jones)가 외쳤던 말을 주목해야 한다. 그는 당시 교회가 쇠퇴하는 상황을 지켜보면서, 200년 전 교회의 모습을 언급했다. 그때도 교회는 텅 비어 있었고 상황은 더 심각했지만 부흥이 일어났고 교회에 생기가 돌았다고 회상했다. 그러한 부흥의 역사를 연구한 로이드 존스는 쇠퇴기의 교회가 다시 일어나기 위해서는 과거 선조들이 팠던 우물을 다시 파야 한다고 조언했다.[3] 광야로 쫓겨난 이삭은 아버지 아브라함이 팠던 우물을 다시 팠다. 이처럼 우리 역시 선조들이 팠던 영적 우물을 다시 파야 한다는 것이다.

그렇다면 우리가 다시 파야 할 우물은 무엇인가? 과거에 물이 나오던 우물, 그런데 지금은 막혀 있는 우물이 무엇인가? 로이드 존스는 가장 중요한 한 가지가 바로 기도라고 진단했다. 기도의 우물을 다시 팔 때 쇠퇴했던 곳에 하나님의 생명의 역사가 다시 일어났다는 것이다. 한국 교회의 전성기는 기도의 전성기와 일치한다. 한국 교회 쇠퇴기에 이른 지금은 기도의 불길이 점점 약해지고 있음을 부인할 수 없다. 기도의 침체는 곧 교회의 침체로 이어진다.

다 같은 기도가 아니다

단지 "기도를 열심히 해야 한다"는 대답으로는 충분하지 않다. 한때 불타오른 한국 교회의 기도가 왜 식었을까? 그 이유 중 하나는 소득이 늘고 선진국의 대열에 진입한 데서 찾을 수 있다. 이것은 한국 교회의 기도가 다분히 기복적이고 세속적이었다는 것을 반증한다. 이제 먹고살 만하니까 전처럼 기도하고자 하는 동기 부여가 안 되는 것이다. 결국 기도의 침체 현상은 기도의 변질이라는 근본적인 문제에서 기인한 것이라고 할 수 있다.

주님이 다시 오실 날이 가까워 올수록 기도는 점점 변질되고, 결과적으로 주의 나라를 위해서 기도하는 일은 더 희귀해질 것이다. 예수님은 억울한 과부가 재판장에게 가서 원한을 풀어 달라고 끈질기게 구하는 예화를 말씀하시면서, "인자가 올 때에 세상에서 믿음을 보겠느냐"(눅 18:8)라고 반문하셨다. 이것은 단지 "과부처럼 끈질기게 기도하는, 기도의 야성을 가진 사람을 보겠는가?"라는 질문이 아니다. 과부는 재판장에게 자기 소원을 이루어 달라고 떼를 쓴 것이 아니었다. 단지 재판장이 자신의 본분에 맞게 공의로운 재판을 해 자기의 억울함을 풀어 주기를 바랐을 뿐이었다. 즉 과부는 공의의 통치를 요청했다. 이처럼 주님은 과부의 기도를 억울한 가운데서 공의의 통치를 요청하는 성도들의 기도와 연결시키셨다.

그렇다면 이 땅에 과부같이 힘없는 자의 억울함이 풀리는 최종적인 공의의 통치는 언제 이루어지는가? 바로 주님이 재림해 심판하실 때다. 결국 과부의 공의로운 재판을 구하는 기도는 예수 그리스도가 불의한 세상을 심판하시고 억울한 자들을 구원하실 날, 곧 그분의 재림을 고대하는 기도와 연결된다. 또한 주의 통치, 주의 나라를 구하는 기도로 이어진다.

그러므로 예수님은 이 세상의 불의 속에서 낙망하지 않고 끝까지 주의 통치를 기다리는 기도를 과연 인자가 올 때 보겠느냐고 말씀하신 것이다. 그처럼 끈질기게 주의 나라를 마음에 품고 기도할 사람을 찾기 어려울 것이라는 자조적 반문임과 동시에, 제자들에게 "너희는 끝까지 낙망하지 말고 마음에 하나님 나라를 향한 열망을 품고 기도해야 한다"고 말씀하신 것이다.

주님이 오실 때 사람들은 두 부류로 나뉠 것이다. 첫째 부류는 롯과 노아의 때와 같이 먹고, 마시고, 시집가고, 장가가고, 사고팔고, 심고, 집을 지으면서 육신의 쾌락과 세상의 안락에 빠져 살아가는 사람들이다. 이제 먹고살 만하니까 모든 즐거움의 원천을 세상에 두고 기득권자로서 살아가는 자들이다. 그들은 주님이 오셔야 할 필요를 못 느낀다. 소득 3만 불이 넘는 서구 사회처럼 더 이상 주의 나라, 주의 통치를 기다리지 않는다. 오히려 재림을 농담으로 여긴다. 마음속에 주님의 나라를 품고 기도할 이유를 찾지 못하는 것이다. 그저 이 세상에서 더 행복하고, 더 소유하고, 더 쾌락을 누리려는 마음만 가득하다. 오늘 우리의 모습은 아닌가?

둘째 부류는 힘이 없고 약해서 억울하든, 경건해서 심령이 상하든 원한을 가지고 주의 통치를 기다리는 사람들이다.

기독교는 주님이 탄생하신 성탄절을 앞두고 주님의 강림을 기다리는 '대강절'이라는 절기를 지킨다. 예수님이 탄생하시기 전에 이스라엘 백성이 그분을 기다렸던 것처럼 말이다. 그러므로 성경에서 주님의 초림 때 그분을 영접한 사람들을 보면 재림의 때에 어떤 사람들이 주님을 만날 수 있는지를 알 수 있다. 그들은 경건하고 의롭지만 자식 없이 늙은 사가랴와 엘리사벳이고, 가난한 나사렛에서 하늘을 소망하는 마리아와 요셉이고, 주님의 탄생을 축하하는 첫 하객으로 찾아온 양 치는 목자들이었다. 또한 주님이 결례를 행하러 성전에 가셨을 때 그분을 만난 사람들은 시므온이라는 나이 많은 선지자와 안나라는 과부 여선지자였다.

그들은 모두 그 시대 속에서 원한을 가진 사람들이요, 그래서 하나님의 통치, 메시아를 기다리는 사람들이었다. 그들의 기다림, 그들의 기도 속에서 주님이 오신 것이다. 그들은 주님을 만났고, 주님으로부터 위로를 받았다.

과연 우리는 주님을 기다리는가? 오늘 우리가 드리는 기도를 살펴보면 이 질문에 답할 수 있다. 이제는 과거의 원한, 가난이 다 벗어져서 주의 나라를 사모할 필요를 더 이상 느끼지 못하는가? 그러한 사람은 주님의 재림을 기다리지 않은 롯과 노아의 때의 사람들과 같다. 원한이 풀리기를 간절히 바라는 것처럼 주님의 통치, 하나님 나라의 임재를 사무치게 소망하며 기도하고 있는가? 그렇다면 당신은 주님의 재림을 기다리는 사람이다. 지금 주의 나라를 경험하며, 궁극적으로 그날에 재림주로 오실 예수 그리스도의 환영을 받을 자다.

이 땅의 부흥은 단순히 열심히 기도하는 사람을 통해 오지 않는다. 이 시대에 오직 주님의 통치가 필요하다는 사실을 깨닫고 주의 나라를 간절히 구하는 기도의 사람이 절실하다. 미국의 대표적인 신학자이자 철학자인 조나단 에드워즈(Jonathan Edwards)는 이 땅에 하나님의 나라가 임하려면 우리가 지속적으로 하나님의 나라를 마음에 품고 기도해야 한다고 말했다.[4] 정직하게 돌아보자. 우리의 마음에 하나님의 나라가 임하기를 바라는 열망이 있는가? 그래서 간절한 마음으로 "주의 나라가 임하소서"라고 날마다 기도하고 있는가?

우리는 기도의 열심이 식었다는 외형에 초점을 맞출 것이 아니라, 내면적으로 하나님의 나라를 마음에 품는 열정이 식었고 그 자리를 세상이 대신하고 있다는 사실을 중대하게 바라봐야만 한다. 아무리 열심히 기도한들 세상 욕심처럼 헛된 것만 구한다면 하나님 나라가 이 땅에 임하게 하는 통로로서의 기도는 이미 막힌 것이다.

종교개혁은 중세의 타락한 기도에 대한 마르틴 루터(Martin Luther)의 눈뜸, 즉 기도의 개혁에서부터 시작되었다.[5] 기도를 교황과 사제의 사유물처럼 여겨 자신들이 기도하면 죄가 사해진다며 면죄부를 팔았던 바로 그 기도의 타락에 경종을 울린 것이 종교개혁의 출발이었던 것이다. 이처럼 한 시대의 부흥은 기도의 눈뜸에서 시작되고, 하나님의 나라를 구하는 진정한 기도의 목적을 찾는 데서 비롯된다.

그러므로 이제 우리는 하나님 나라의 통로로서 기도의 우물을 다시 파야 한다. 우리가 다시 주의 나라를 마음에 품고 기도하기 시작한다면, 과부처럼 간절히 기도한다면 다시 한 번 부흥을 경험하게 될 것이다.

기도는 주의 나라의 통로다

존 칼빈(John Calvin)은 "하늘의 아버지께서 우리를 위해서 간직하고 계시는 그 온갖 풍성한 것들을 얻는 데는 기도가 반드시 필요하다"[6]고 말했다. 기도 없이 이 땅에 이루어지는 일은 없다는 의미다. 또한 더치 쉬츠(Dutch Sheets)는 "하나님은 이 땅의 일들을 처음부터 사람과 함께, 사람을 통해서 하기로 결정하셨다"[7]고 말했다.

예수님은 제자들이 기도함으로써 자신보다 더 큰 일을 할 수 있다고 하셨다(요 14:12-13). 우리는 기도를 통해서 예수님과 함께 세상을 통치하며 이 땅에 하나님의 나라를 이루는 동역자로 부르심을 받았다. 우리에게는 이 세상에서 하나님 나라를 이루기 위한 엄청난 기도의 자원이 주어졌다. 하나님은 우리의 기도를 통해서 이 땅에 하나님 나라를 이루어 가신다.

기도는 우리가 상상하는 것보다 훨씬 더 놀랍다. 기도를 통해서 하나님이 얼마나 원대한 일을 이루고자 하시는지 알 수 있다. 또한 기도의 가장 중요한 본질을 기억하면서 하나님의 나라에 마음을 쏟는 기도의 동역자들의 헌신에 의해서 부흥은 일어나고 하나님의 나라가 임한다. 그런 면에서 기도 사역에 동역하는 이들이야말로 교회의 생명줄과 같다. 그리고 기도 사역에 눈뜨는 것이야말로 교회가 생기와 활력을 되찾는 유일한 길이다.

이 책을 쓴 이유가 바로 여기 있다. 이제부터 이 땅에 하나님 나라의 부흥을 가져오는 기도에 대해서 생각해 볼 것이다. 그리하여 부흥을 위해서 함께 헌신하는 기도운동이 얼마나 강력한지를 살펴볼 것이다. 이 책을 통해서 이 땅에 기도의 사역자들이 다시 일어나기를 간절히 소망한다. 우리가 다시 한 번 기도 사역에 마음을 합해 다 함께 무릎을 꿇는다면 하나님이 이 땅에 또다시 부흥의 역사를 허락해 주실 것이다. 아멘!

2018년 11월

이인호 목사

하 나 님 나 라 / βασιλεια του θεου / 기 도 운 동

1

하나님의 역사는
기도로 시작되었다

• 다니엘에게 배우는 구약의 기도 •

정말로 기도가 역사 속에서 하나님 나라의 회복과 부흥을 이루는 도구가 될 수 있을까? 기도하는 한 사람이 군대보다 강하다는데, 정말 그러한가? 고목같이 죽어 가는 교회를 위해 간절히 기도하면 정말 새순이 다시 돋아나고 생명력이 회생되는 것일까? 많은 사람이 교회를 떠나고 다음 세대가 점점 줄어드는 한국 교회를 위해서 간절히 기도하면 그들이 다시 하나님께로 돌아오는 부흥의 역사가 일어날 수 있는 것일까?

필자는 오랜 시간 동안 중보기도 사역을 하며 이런 의문들을 자주 떠올리곤 했다. 이런 의심을 가진 이유는 정말 하나님이 하신 말씀인지를 알고 믿기 위해서였다. 그런 면에서 중보기도 사역을 하면 할수록 필자에게 나타나는 갈등은 불분명한 성경적, 신학적 토대에서 기인했다. 과연 이러한 주장은 성경이 증거하는 바인가? 실제적인 성경의 근거나 신학적인 뒷받침 없이 기도를 무조건적으로, 마치 요술 방망이처럼 부풀려 강조하다 보니 순간적으로는 자극할 수 있을지 모르지만 결과적으로는 열매 없음으로 오히려 기도 사역을 위축시키는 경우가 너무나도 많았다. 따라서 기도에 대해서 화려하고 자극적인 간증과 신화적인 이야기를 하기에 앞서 성경에 근거한 신학적인 뿌리를 찾는 작업이 절대적으로 중요하다고 생각했다.

이러한 갈증을 느끼고 있을 때 한 줄기 빛을 던져 준 것은 바로 주님이 가르쳐 주신 기도, 즉 주기도문이었다. 몇 년 전 2주간 가을 특별새벽부흥회에서 주기도문에 관한 말씀을 전하면서 주기도문을 집중적으로 연구할 수 있는 기회를 가졌다. 당시 주기도문은 필자가 오랜 시간 동안 가져 왔던 의문들에 대한 해결의 실마리를 제공해 주었다. 그때 하나님이 주신 지혜와 생각의 빛을 좇아 용기를 내어 기도운동에 대해 복음주의적이며 개혁주의적인 노선에 입각한 성경적인 답을 찾아보려고 애를 썼다.

주기도문은 구약의 기도운동에 관심을 쏟게 했다. 구약에 나타난 오랜 기도운동의 보물을 찾아 나선 필자가 만난 신앙 인물은 바로 다니엘이었다. 다니엘은 사자 굴에 들어갈 위협 속에서도 목숨을 걸고 기도한 기도의 사람으로 알려져 있다. 하지만 유명한 이야기가 주는 감동 뒤에 감추어진 더 귀한 가치를 발견하기 위해서 우리는 좀 더 냉정하고, 침착하고, 진지하게 '성경이 과연 그렇게 말하는가?'를 생각하며 성경을 연구하고 묵상해야 한다. 그때 성경은 우리에게 숨겨 둔 보배를 내어 놓는다.

다니엘의 기도에는 구약에 면면히 흘러 내려오는 기도운동의 뿌리가 감추어져 있다. 이제 다니엘을 통해서 구약의 기도운동의 실체를 살펴보고, 그것이 어떻게 예수님이 가르쳐 주신 기도문과 연결되는지에 대해 알아볼 것이다. 그러면서 주기도문이 단지 우리가 외워야 할 암송문이 아니라 하나님 나라의 거대한 기도운동의 헌장이라는 결론에 도달하게 될 것이다. 오늘날 우리가 주기도문의 뜻을 따라서 세상을 바꾸는 하나님 나라를 위한 기도운동을 어떻게 펼쳐 나갈 수 있는가에 대해 이야기해 보려고 한다.

1. 그들은 왜 하루 세 번 기도했나   _ 삶의 한복판에서 드리는 기도

다니엘은 사자 굴에 던져질 위협에도 불구하고 하루 세 번씩 기도했다. "다니엘이 이 조서에 왕의 도장이 찍힌 것을 알고도 자기 집에 돌아가서는 윗방에 올라가 예루살렘으로 향한 창문을 열고 전에 하던 대로 하루 세 번씩 무릎을 꿇고 기도하며 그의 하나님께 감사하였더라"(단 6:10).

이 말씀을 통해서 우리가 받는 은혜는 '우리도 기도에 목숨을 걸어야 한다' 정도다. 하지만 여기에는 더 깊은 진리가 담겨 있다. 다니엘의 기도는 우리에게 '진정한 기도는 이 땅에 하나님 나라를 가져오는 강력한 운동이 될 수 있다'는 소중한 교훈을 알려 준다. 이 사

실을 깨닫기 위해서는 왜 다니엘이 하루 세 번 기도했는지 그 이유
를 살펴보아야 한다.

왜 다른 사람들이 보는 한낮에 하루 세 번 기도했을까?

다니엘의 기도에 깊이 들어가기 위해서 질문을 좀 더 구체화해 보면
다음과 같다. "기도는 은밀한 중에 보시는 하나님께 드리는 것 아닌
가? 그런데 다니엘은 왜 대적의 감시가 없는 밤이나 새벽에 기도하
지 않고 대낮에, 게다가 예루살렘을 향해 창문을 열어 놓고 하루 세
번 기도했을까? 겨우 한 달인데, 이 기간에만 몰래 기도하면 되지 않
았을까?"

　　그런데 이 의문은 우리가 신약 시대를 살아가는 사람이기에 가
질 수 있는 것이다. 우리는 다니엘이 살았던 시대, 곧 구약의 관점에
서 생각해야 한다. 오늘날 우리는 예수 그리스도 안에서 아무 때나,
어디서나 기도할 수 있다. 하지만 구약 시대에는 정해진 제도와 규칙
안에서만 하나님께 기도할 수 있었다. 제사장들이 성전에서 번제를
드리고 분향하는 시간이 바로 성도들이 기도를 드리는 시간이었다.
제사와 분향과 더불어 성도들의 기도가 하늘로 올라갔기 때문이다.

　　이스라엘 백성은 매일 성전에서 아침 제사와 저녁 제사를 드렸
다. 아침 제사 시간은 유대 시간으로는 제삼시요, 오늘날로 하면 오
전 9시다. 저녁 제사 시간은 유대 시간으로는 제구시요, 오늘날로 하
면 오후 3시다. 이처럼 하나님은 성전 문을 열 때 드리는 아침 제사
시간과 성전 문을 닫을 때 드리는 저녁 제사 시간을 기도하는 시간

으로 정해 놓으셨다. 더불어서 성전 문이 열려 있는 정오, 즉 유대 시간으로 제육시를 기도 시간으로 정하셨다. 다시 말해, 유대인들에게 있어서 하나님이 기도를 받으시는 시간, 하늘 문이 열리는 시간은 제삼시(오전 9시), 제육시(정오 12시), 제구시(오후 3시)였다.

요한계시록 8장 3-4절은 분향의 향연(香煙, incense)이 성도의 기도와 함께 하나님께 올라간다고 말한다. "또 다른 천사가 와서 제단 곁에 서서 금 향로를 가지고 많은 향을 받았으니 이는 모든 성도의 기도와 합하여 보좌 앞 금 제단에 드리고자 함이라 향연이 성도의 기도와 함께 천사의 손으로부터 하나님 앞으로 올라가는지라." 그리스도의 모형이 되는 성전의 매일 번제와 분향의 향연이 성도들의 기도를 하늘로 올리는 도구가 된다는 의미다. 기도는 아무 때나 '지성이면 감천'이라는 마음으로 하나님께 올려 드리고 받아들여질 수 있는 것이 아니었다. 이것은 오늘날도 마찬가지다. 구약의 기도가 철저히 번제와 분향에 의지해 드려진 것처럼, 우리의 기도는 예수 그리스도의 공로로써만 하나님께 올려질 수 있다.

이처럼 구약 시대에 기도 시간은 자신이 정할 수 있는 것이 아니었다. 다니엘에게는 하나님께 도우심을 요청하고 응답을 받는 시간, 즉 하늘 문이 열리는 시간이 하루 세 번으로 정해져 있었던 것이다. 그러므로 다니엘은 먼 타국에 있었지만 기도 시간만 되면 성전이 있는 예루살렘을 향해서 창문을 열고 기도를 드렸다.

유대 사회에서는 세 번의 기도가 문화화되었기에 기도 시간을 지키는 일이 어렵지 않았다. 하지만 당시 다니엘이 살고 있는 곳은 바벨론이었다. 국무총리로서 기도 시간에 회의가 있거나, 나라에 생긴 급한 일을 처리해야 하는 때도 있었을 것이다. 바벨론의 경우 타민족에 대해 관용 정책을 펼쳤다. 그럼에도 80세의 다니엘이 기도하기 위해 사자 굴에 던져지기를 각오했던 것을 보면, 기도 시간을 지키기 위해서는 많은 희생과 손해를 무릅쓸 뿐 아니라 조롱을 당해야했다는 것을 추측할 수 있다. 그러나 결국 기도가 다니엘을 지키고높여 주었다.

왜 하필 기도 시간이 일과 시간 중인가?

여기서 또 하나의 의문이 든다. 우리가 이미 살펴본 대로 하루 세 번의 기도 시간은 오늘날로 하면 오전 9시, 정오 12시, 오후 3시다. 이시간은 한창 바쁜 일과 시간으로, 기도하기에는 아주 부적절하다. 그런데 왜 하나님은 새벽이나 저녁 시간이 아니라 바쁜 일과 시간중에 기도하라고 정해 놓으신 것일까? 그것은 하나님이 우리의 하루 일과를 제사로 받기를 원하신다는 의미다.

놀랍게도, 예수님이 십자가에 못 박히신 때는 아침 제사 시간인제삼시다(막 15:25). 그리고 십자가에서 운명하신 시간은 저녁 제사시간인 제구시다(막 15:34상). 예수님은 친히 성전에서 하나님께 올려드리는 번제물이 되셨다. 여기서 우리는 하나님이 일과 시간 중에기도 시간을 정하신 데 대한 두 가지 교훈을 발견하게 된다.

첫째, 자신이 그리스도와 연합해 그분과 함께 십자가에 달렸음을 믿는 그리스도인이라면 그리스도와 함께 십자가에 못 박힌 시간도 의미가 있다는 것이다. 즉 하나님께 올려 드려야 하는 산 제사의 핵심은 바로 주님이 십자가에 달리신 오전 9시부터 오후 3시 사이인 우리의 일과 시간에 있다는 사실을 우리는 기억해야 한다.

둘째, 일과 시간에 드리는 기도를 통해서 우리의 일상을 하나님 앞에 거룩한 산 제사로 드릴 수 있다는 것이다. 기도의 무릎을 꿇는 것이야말로 우리의 삶을 번제단에 올려놓는 것이요, 우리 자신을 십자가에 못 박는 일이다. 기도라는 번제단 위에 자신을 올려서 거룩하게 된 사람만이 삶을 하나님 앞에 온전히 드릴 수 있다. 기도하지 않고는 자신을 결코 부인할 수 없다. 예수님은 겟세마네 동산에서 "나의 원대로 마시옵고 아버지의 원대로 하옵소서"(마 26:39)라고 기도하셨다. 그처럼 강력한 기도 없이 십자가를 지실 수 있었을까? 우리도 마찬가지다. 우리의 일상이 제사가 되기 위해서는 일상에서 기도의 무릎을 꿇어야 한다.

하루 세 번 기도 시간이 하루 중 가장 바쁘고, 일하기 좋고, 업무가 집중되어 있는 6시간 내에 배치된 이유는 우리가 기도하면서 사람들을 만나고, 일을 하고, 거래를 하기 원하시는 하나님의 뜻이다. 하나님은 우리가 하루의 삶, 대인관계, 일 등 모든 영역을 하나님 앞에 아름다운 향기로 올려 드리는 삶을 살기 원하신다.

우리는 기도를 새벽이나 저녁에 해야 한다고 생각한다. 물론 그 시간이 상대적으로 한적하기에 하나님 앞에 시간을 구별해 드리는 것이 좋다. 하지만 기도는 그때만 아니라 삶의 자리에서 올려져야 한다. 새벽, 저녁이라는 삶의 가장자리에서만이 아니라 일과 시간이라는 삶의 한복판에서 드리는 기도가 필요하다. 새벽이나 한밤의 정해진 기도 시간에 눈을 감고 드리는 기도만이 아니라 일과 시간 중에 눈을 뜨고 드리는 기도도 중요하다.

이처럼 다니엘의 삶은 전체를 하나님께 드린 제사였음을 성경은 우리에게 분명히 증거하고 있다. "이에 총리들과 고관들이 국사에 대하여 다니엘을 고발할 근거를 찾고자 하였으나 아무 근거, 아무 허물도 찾지 못하였으니 이는 그가 충성되어 아무 그릇됨도 없고 아무 허물도 없음이었더라"(단 6:4). 아무 허물이 없는 것은 온전한 제물의 자격이다. 이것은 다니엘이 바벨론에서 살아간 삶 자체가 하나님 앞에 드려진 온전한 제물이었음을 증거한다. 자신의 업무와 일상을 제물로 드릴 수 있도록 그를 지키고 거룩하게 만들어 준 것이 하루 세 번 기도였던 것이다.

그런 면에서 우리는 기도를 통해서 먼저 자신을 하나님께 드려야 한다. 기도에 실패하면 결국 거룩에 실패하고, 헌신에 실패한다. 매일 기도하는 삶을 살아갈 때 비로소 우리의 삶을 거룩한 산 제사로 하나님께 온전히 드릴 수 있다. 기도할 때 성령이 함께하셔서 우리를 다니엘처럼 아무 허물이 없는, 충성되고 탁월한 인생으로 빚어주실 것이다.

바벨론 신하들은 왜 30일간만 기도를 금지했을까?

또한 우리는 "왜 기도를 30일간만 금지했을까?"라는 또 하나의 질문을 던지게 된다. 바로 여기에 마귀의 궤계가 숨어 있다. "단 한 달만 기도하지 마. 그다음부터 기도하면 돼"라는 말로 우리를 꾀는 것이 마귀의 교활한 작전이다. 타협을 유도하는 것이다.

마귀는 우리에게 평생 기도하지 말라고 협박하는 법이 절대 없다. 만약 그럴 경우 우리가 순교하겠다는 결의로 저항할 것을 알기 때문이다. 따라서 마귀는 늘 타협안으로 유혹한다. "지금은 회사에 급한 프로젝트가 있으니까", "지금은 시험을 준비해야 하니까", "지금은 휴가 중이니까", "지금은 몸이 피곤하니까"라고 핑계하며 나중에 기도하겠다고 미루게 만든다. 운동을 중단하면 당장에는 문제가 생기지 않는다. 하지만 기나긴 겨울을 보내면서 춥다는 이유로 몸을 움츠리고만 있으면 결국 면역력이 약해지고 만다. 그러면 질병과 스트레스가 찾아올 때 한순간에 무너진다. 영적인 면도 똑같다. 기도는 마귀를 대적하는 강력한 방어막이고 면역력이다. 기도를 쉬면 영적인 면역력이 떨어지고 보호막이 약해진다.

만약 다니엘이 한 달 동안 기도를 쉬었다면 무슨 일이 일어났을까? 바벨론이라는 대제국에서 매우 중요한 국무총리 자리에 앉아 있는 다니엘이 한 달 동안 기도를 하지 않는 것은 비유하자면, 메이저리그 야구 선수나 프리미어리그 축구 선수가 개막전을 앞두고 한 달간 운동을 쉬는 것에 비견할 수 있다. 아마도 다니엘은 중직이 주는 무게와 스트레스, 권력의 유혹을 견디지 못하고 무너졌을 것이다. 육신의 유혹과 마귀의 간사한 궤계에 한순간 넘어졌을지 모른다. 하지만 그는 기도하는 가운데 타협하지 않음으로써 그 모든 어려움을 이겨 낼 수 있었다.

바벨론은 세상을 상징한다. 다니엘은 세상의 한복판에서 하루 세 번 기도로 자신을 완벽하게 지켜 냈다. 우리는 다니엘이 살았던 바벨론, 즉 세상에서 살아간다. 그렇기에 한순간이라도 기도를 쉬면 곧장 극심한 유혹에 노출되고 세상적인 사고에 물들어 버린다. 타협하는 순간부터 서서히 부패하고 타락하는 위험에 처한다. 사탄이 원하는 것은 우리가 순교하는 것이 아니라 타협해 변절하는 것이다. 오늘날 교회의 가장 큰 위기는 바쁜 일로 인해 기도를 멈춘 것이다. 교회가 기도의 우선순위를 잃어버린 것이다.

어느 교회나 열심히 기도하시는 분들이 가장 헌신된 분들이시다. 그분들의 기도로 교회에 생명력이 돌고, 새 신자가 늘어나며, 점점 부흥한다. 그러나 교회가 부흥하면 점차 할 일이 많아지고 일손이 부족해진다. 이윽고 기도를 최우선으로 삼고 교회를 세웠던 기도의 용사들이 다른 사역으로 인해 기도를 소홀히 하는 결과에 이르게 된다. 이것은 사도들이 접대하는 일로 기도와 말씀을 전하는 일에 소홀하게 된 이유이기도 하다(행 6:1-4). 이처럼 기도를 소홀히 할 때 교회 안에 세속화와 안일함이 들어온다. 우리는 기도라는 우선순위를 그 무엇과도 타협해서는 안 된다.

놀랍게도 다니엘은 모든 시험을 이기고 승리했다. 다니엘은 구약의 성도로서 하루에 오직 세 번만 기도할 수 있는 제한된 자원을 가졌다. 오늘날에 비하면 하나님이 하늘 문을 잠시만 열어 놓으신 것이다. 하지만 다니엘은 그 기도 시간을 평생 목숨 걸고 지켰고, 그 시간을 통해서 위대한 인생을 살았다.

오늘날 우리는 예수 그리스도의 은혜 속에서 아무 때나 아무 곳에서나 기도할 수 있다. 다니엘처럼 기도에 전념한다면, 우리에게 주어진 기도의 무궁한 자원을 사용한다면 다니엘보다 더 위대한 역사를 이룰 수 있다.

다니엘은 제한된 기회를 활용해 기도함으로 자신의 영성을 유지했다. 이후 그가 기도한 대로 이스라엘 백성이 포로 생활에서 귀환하는 놀라운 역사가 일어났다. 하지만 바벨론 제국이 변화된 것은 아니었다. 반면, 예수님의 제자들은 무한하게 주어진 기도의 자원을 가지고 무시로 기도함으로 바벨론보다 더 강력한 로마를 정복했다.

그러면 우리는 왜 기도라는 거대한 자원을 가지고도 위대한 삶을 살지 못하는 것일까? 그 이유는 우리가 다니엘처럼 매일 기도하는 습관을 가지지 못했기 때문이다. 이제 살펴보겠지만, 신약의 제자들이 무한한 기도의 자원을 가지고 항상 쉬지 않고 기도할 수 있었던 이유는 다니엘처럼 하루 세 번 기도하는 습관을 몸에 익혔기 때문이었다. 그들은 하루 세 번 기도했고, 기도 습관을 지키는 가운데 성령이 그들 가운데 충만하셨기에 무시로 성령 안에서 기도할 수 있었다.

바울은 우리에게 "쉬지 말고 기도하라"(살전 5:17)고 말했다. 쉬지 말고 기도하는 일이 가능한 이유는 그가 하루 세 번 정해진 기도 시간을 지켰기 때문이다. 기도 시간을 중심으로 종일토록 성령 안에서 무시로 깨어 기도한 그를 통해 놀라운 역사가 일어났다.

여기서 우리는 아주 중요한 기도운동의 원리를 배울 수 있다.

지속적으로, 규칙적으로, 끈질기게 기도해야 한다는 것이다. 그때 그리스도 안에서 허락된 무한한 기도의 자원을 통해 이 시대에 위대한 역사를 이룰 수 있다.

2. 무엇을 기도할 것인가 _ 나라의 회복을 위한 기도

다니엘이 하루 세 번 지속적으로 기도했다는 사실만큼이나 중요한 것은 그가 무슨 기도를 드렸는가다. 이는 구약의 기도운동에 있어서 아주 중요한 요소다. 우리는 다니엘이 평생 목숨 걸고 최우선시한 기도가 무엇인지 이해할 때 "기도가 역사를 바꾸는 운동이 될 수 있는가?"라는 질문에 대한 답을 얻을 수 있다. 그리고 기도가 다니엘처럼 목숨을 걸고 지속적으로 드릴 만한 가치가 있다는 사실을 진정으로 알게 된다. 그러면 과연 다니엘은 무슨 기도를 드렸을까?

솔로몬의 성전 봉헌 기도

첫째로, 다니엘이 드린 기도의 내용을 짐작하도록 도와주는 것은 성전을 봉헌하면서 하나님께 올려 드린 솔로몬의 기도다. "자기를 사로잡아 간 적국의 땅에서 온 마음과 온 뜻으로 주께 돌아와서 주께서 그들의 조상들에게 주신 땅 곧 주께서 택하신 성읍과 내가 주의 이름을 위하여 건축한 성전 있는 쪽을 향하여 주께 기도하거든 주는 계신 곳 하늘에서 그들의 기도와 간구를 들으시고 그들의 일을 돌아보시오며 주께 범죄한 백성을 용서하시며 주께 범한 그 모든 허물을 사하시고 그들을 사로잡아 간 자 앞에서 그들로 불쌍히 여김을 얻게 하사 그 사람들로 그들을 불쌍히 여기게 하옵소서"(왕상 8:48-50).

다니엘서에 기록된 기도 용어들을 살펴보면, 다니엘이 솔로몬의 봉헌 기도를 근거로 기도를 올려 드렸음을 알 수 있다.[1] 아마도 다니엘은 포로로 잡혀 온 상황에서 주께 범죄한 백성을 용서해 달라고, 포로 된 땅에서 불쌍히 여김을 얻게 해 달라고 기도했을 것이다. 따라서 대적자들이 다니엘로 하여금 기도하지 못하게 방해한 이유는 단순히 개인적인 기도 생활을 막으려는 것이 아니라, 그가 하나님 나라의 회복을 위해서 기도하는 일을 금하게 하려는 것이었다. 기도의 위험성을 알고 있는 사탄이 배후에서 역사한 것이다. 사자 굴에 던져질 위협 속에서도 포로로 흩어진 이스라엘 백성의 평안과 귀환을 위해서 하루 세 번씩 간절하게 기도하기를 멈추지 않은 다니엘은 바벨론의 총리이기 전에 하나님 나라의 총리였다.

다니엘이 이스라엘의 회복, 즉 하나님 나라의 회복을 위해서 목숨 걸고 기도했을 때 하나님은 그를 사자 굴에서 건져 주셨다. 이 기적의 이야기는 오랜 포로 생활로 절망했던 유대인들에게 하나님이 그들을 버리지 않으셨다는 위로를 주었고 그분의 약속을 확인하게 하는 계기가 되었을 것이다. 따라서 이 사건이 포로 귀환을 위한 기도를 결집시키는 기도운동의 기폭제가 되었을 것임을 충분히 짐작할 수 있다.

선지자들이 촉구한 기도운동

둘째로, 다니엘의 기도는 선지자들이 예언한 기도에 대한 하나님의 약속과도 깊이 연결되어 있다. 예레미야는 70년이 차면 이스라엘 백성들이 예루살렘으로 다시 돌아올 것이라는 하나님의 약속의 말씀을 예언했다. "여호와께서 이와 같이 말씀하시니라 바벨론에서 칠십 년이 차면 내가 너희를 돌보고 나의 선한 말을 너희에게 성취하여 너희를 이곳으로 돌아오게 하리라 여호와의 말씀이니라 너희를 향한 나의 생각을 내가 아나니 평안이요 재앙이 아니니라 너희에게 미래와 희망을 주는 것이니라"(렘 29:10-11).

예레미야 선지자는 이어서 이러한 약속을 이루기 위해서 기도해야 한다고 도전했다. 부르짖으며 기도하면 하나님이 포로 생활에서 돌아오게 하실 것이라고 이야기했다. "너희가 내게 부르짖으며 내게 와서 기도하면 내가 너희들의 기도를 들을 것이요 너희가 온 마음으로 나를 구하면 나를 찾을 것이요 나를 만나리라 이것은 여호와의 말씀이니라 나는 너희들을 만날 것이며 너희를 포로 된 중에서 다시 돌아오게 하되 내가 쫓아 보내었던 나라들과 모든 곳에서 모아 사로잡혀 떠났던 그곳으로 돌아오게 하리라 이것은 여호와의 말씀이니라"(렘 29:12-14).

다니엘의 기도 내용을 짐작하게 하는 한 가지는 그가 다리오 통치 원년에 예레미야의 예언을 읽었다는 사실이다. "곧 그 통치 원년에 나 다니엘이 책을 통해 여호와께서 말씀으로 선지자 예레미야에게 알려 주신 그 연수를 깨달았나니 곧 예루살렘의 황폐함이 칠십

년 만에 그치리라 하신 것이니라"(단 9:2). 다니엘은 예레미야를 통해서 이스라엘 백성이 70년 만에 바벨론 포로에서 귀환할 것이라는 하나님의 약속을 알게 되었다. 그래서 다니엘은 하루 세 번씩 예레미야의 예언에 나오는 하나님의 약속을 붙잡고 예루살렘의 회복과 포로 귀환을 위해 금식하며 기도하기를 결심했다. 하나님은 약속의 말씀을 믿고 하나님 나라의 회복을 위해 목숨 걸고 간절히 지속적으로 기도한 다니엘을 통해, 그리고 수많은 하나님의 백성의 기도를 들으시고 하나님의 약속을 이루셨다.

예레미야의 하나님 나라의 회복을 위한 기도의 촉구는 반복되었다. "너는 내게 부르짖으라 내가 네게 응답하겠고 네가 알지 못하는 크고 은밀한 일을 네게 보이리라 … 내가 유다의 포로와 이스라엘의 포로를 돌아오게 하여 그들을 처음과 같이 세울 것이며"(렘 33:3, 7).

하나님의 약속을 상기시키고 기도를 촉구한 사람은 비단 예레미야만이 아니었다. 에스겔은 "내가 너희를 여러 나라 가운데에서 인도하여 내고 여러 민족 가운데에서 모아 데리고 고국 땅에 들어가서 … 내가 너희 조상들에게 준 땅에서 너희가 거주하면서 내 백성이 되고 나는 너희 하나님이 되리라"(겔 36:24-28)라는 하나님의 약속을 이야기했다. 에스겔은 이어서 이 약속이 저절로 이루어지는 것이 아니라 약속대로 이루어 주시기를 하나님께 기도해야 한다고 촉구했다. "주 여호와께서 이같이 말씀하셨느니라 그래도 이스라엘 족속이 이같이 자기들에게 이루어 주기를 내게 구하여야 할지라"(겔 36:37). 즉 하나님 나라가 회복되기를 간절히 원하는 마음을 품고 지속적으로 구해야 한다는 의미다. 이 말씀은 기도운동을 촉구했고, 마침내 이스라엘은 포로에서 귀환했다.

회복을 약속하고 기도를 도전한 사례는 이사야 선지자에게서도 찾아볼 수 있다. 이사야는 기도를 통해서 여호와께서 쉬지 않고 예루살렘의 회복을 위해서 일하시도록 하라고 말했다(사 62:6-7). 그가 바라본 회복될 예루살렘의 성벽 위에는 기도의 파수꾼들이 가득했다. 기도를 통해서 하나님 나라가 회복된다는 의미다.

포로기에 선지자들은 기도운동에 참여할 것을 요청했다. 하나님의 약속을 믿고 기도하면 하나님의 나라가 이 땅에 이루어지는 역사가 일어난다고 외친 것이다. 그리고 마침내 고레스왕의 칙령으로 이스라엘 백성은 모두 3차에 걸쳐 귀환했고, 느헤미야와 에스라를 통해 성전이 재건되고 개혁이 일어났다. 이스라엘 백성의 70년 만의 귀환이라는 정치적이고 역사적인 사건의 배후에는 하나님의 약속을 기억하고 하루 세 번씩 올려 드렸던 쉼 없는 기도의 행렬이 있었던 것이다. 하나님이 기도하는 선지자들과 이스라엘 백성을 통해 일하신 결과임을 확인할 수 있다.[2]

3. 간절한 기도는 역사를 바꾼다 _기도 속에 오신 예수님

계속된 하루 세 번 기도운동

이스라엘은 비록 포로에서 귀환했지만 열강의 압제와 수탈에 끊임없이 시달렸다. 그리고 예수님 당시에는 로마의 지배 아래 놓여 있었다. 이런 배경 속에서 구약에서부터 계속된 유대인들의 이스라엘의 회복을 위한 기도는 그치지 않았고, 당시 성전과 회당을 중심으로 하루 세 번 지속적으로 이루어지고 있었다.

그렇다면 예수님 당시에 이스라엘 백성은 하루 세 번 어떤 내용으로 기도를 올려 드렸을까? 이미 유대교 안에 공식적으로 자리 잡은 기도문이 있었다. 그중 대표적인 기도문은 쉐마, 카디쉬, 그리고 쉐모네 에스레(18 기도문)다.

쉐모네 에스레는 유대인이 하루 세 번 성전에 올라가서 드리는 가장 기본적인 기도다. 쉐모네 에스레 기도는 세 부분으로 나뉜다. 첫 번째 부분(기도문 1-3번)은 하나님을 찬양하는 기도이고, 두 번째 부분(기도문 4-16번)은 지혜와 회개, 용서, 악으로부터 구함, 건강, 풍성한 열매 등 개인적인 간구와 특별히 흩어진 백성의 회복을 기원하는 국가적인 기도를 담고 있다. 그리고 세 번째 부분(기도문 17-19번)은 감사 기도다. 그중 일부를 소개하면 다음과 같다.

주여, 우리를 당신께로 돌이키소서. 우리가 회개하겠나이다. 예전과 같이 우리의 날들을 새롭게 하소서. 회개를 기뻐하시는 당신을 축복합니다.

우리의 해방을 큰 나팔을 불어 선포하시고, 깃발을 들어 우리의 흩어진 자들을 모으소서. 당신의 백성 이스라엘의 추방당한 자들을 모으시는 주님, 당신을 축복합니다.

> 우리 하나님이신 주여, 당신의 풍성한 자비로 당신의 백성 이스라엘에,
> 당신의 도성 예루살렘에, 영광의 거처인 시온에, 당신의 의로운 메시아
> 다윗가의 왕권에 자비를 베푸소서. 예루살렘을 세우시는 다윗의 하나님
> 이신 주님, 당신을 축복합니다.

유대인들이 날마다 하루 세 번 성전이나 회당에서 올려 드렸던 쉐모네 에스레 기도는 여전히 로마의 압제 아래 놓인 당시 상황에서 하나님의 구원을 구하는 기도였음을 알 수 있다. 결국 구약 시대나 예수님 당시나 이스라엘 백성은 하나님이 오셔서 그들을 구원해 주시기를 바라고 하나님 나라의 도래를 기다렸다는 측면에서 기도의 맥을 같이한다.

기도 속에 오신 메시아

그러면 하나님은 그들의 기도 행렬을 보고만 계셨을까? 하나님은 그들의 오랜 기도에 어떻게 응답하셨을까? 하나님은 하나님의 백성의 기도 행렬을 통해 구속의 역사를 열어 가셨다.

우리가 구약에 기록된 기도운동의 배경을 알지 못하기에 오랜 기도운동의 응답으로 일어난 신약의 사건 가운데 하나를 쉽게 놓치는 대목이 있다. 앞서 살펴보았듯이, 이스라엘은 매일 아침과 저녁마다 성전에서 제사를 드렸고, 그 시간을 중심으로 하루 세 번 기도 시간을 정해 기도했다. 성전 제사는 24반열로 구성된 제사장들이 순번을 따라, 각 반열에서 1년에 한 주간씩 두 차례 담당했다. 저명한

신약 학자 요아킴 예레미아스(Joachim Jeremias)는 당시 제사장이 대략 8,000명으로 추산되기에 성소에 들어가서 분향하는 일은 제비를 뽑아서 결정했다고 말했다. 그러므로 제사장에게 있어서 성소에서 분향할 수 있는 기회는 평생에 한 번 올까 말까 한 확률이었다.[3]

누가복음은 이러한 배경에서 아비야 반열에 속한 사가랴라는 경건한 한 제사장이 제비 뽑혀서 성전에 들어가 분향을 했다는 이야기로 시작한다. "마침 사가랴가 그 반열의 차례대로 하나님 앞에서 제사장의 직무를 행할새"(눅 1:8). 이어지는 10절, "모든 백성은 그 분향하는 시간에 밖에서 기도하더니"라는 말씀은 구약의 오랜 기도 행렬이 그 순간에도 진행되고 있었음을 알려 준다. 오랜 세월 압제와 서러움을 당해 온 그 순간에도 이스라엘 백성은 하나님을 향한 믿음을 잃지 않고 여전히 성전 제사 시간에 기도했던 것이다.

중요한 것은 다음 구절이다. 제사장이 분향하고 성도들이 기도하는 그 순간, 분향단 우편에 가브리엘 천사가 나타났다. "주의 사자가 그에게 나타나 향단 우편에 선지라"(눅 1:11). 여기서 천사의 출현은 매우 의미 있는 사건이다. 구약의 마지막 책인 말라기 이후 400년 동안의 침묵이 깨어지고 하늘이 다시 열린 순간이었다. 천사 가브리엘은 사가랴에게 그를 통해 메시아의 길을 예비할 세례 요한이 태어날 것이라는 계시를 전해 주었다. 드디어 이스라엘 백성이 그토록 고대하던 메시아가 오실 것이다! 캄캄하게 닫혔던 하늘 문이 열리고 구원의 서광이 비친 중대한 순간이었다.

성경은 이 놀라운 하나님의 구원 계시가 이루어진 때가 이스라엘 백성이 기도하고 있는 시간이라고 분명히 말하고 있다. 이 기도는 오랜 시간 이어져 온 구약의 기도운동 행렬로서, 그들은 그 순간까지도 성전 제사 시간에 성전에서만 아니라 회당에서, 그리고 흩어져 있는 곳곳에서 성전의 회복을 위해 기도했던 것이다. 성경은 캄캄했던 수백 년의 침묵을 깬 놀라운 계시가 바로 이스라엘 백성의 기도 응답으로 나타났음을 증거하고 있다. 하나님은 수백 년 동안 매일 성전에 와서 기도한 이스라엘 백성의 기도 행렬 속에서 그분의 약속을 성취해 하늘 문을 여셨다.

(하나님 나라는 이스라엘의 정치적인 독립을 의미하지 않는다. 이스라엘은 이 땅에 임할 하나님 나라의 모델일 뿐이다. 하나님은 이스라엘을 통해 죄와 억압에서 그들을 해방시킬 진정한 구원자 메시아를 보내셨다. 하나님은 그리스도를 통해 이 땅에 참된 하나님의 통치, 즉 하나님의 나라를 이루셨다. 그리스도를 통해서 하나님의 나라는 시작되었고, 결국 완성될 것이다. 모든 백성은 그리스도 안에서 더 이상 고통과 눈물이 없는 참된 평화가 가득한 하나님 나라의 일원이 될 것이다. 그러므로 그들의 오랜 기도의 응답은 바로 그리스도이시다.)

당시의 종교와 종교 지도자들, 그리고 제사장들은 타락했다. 아마도 어떤 이들은 단지 종교적인 습관을 따라 기도했을 것이다. 그럼에도 불구하고 하나님은 여전히 기도의 행렬을 사용하셨다. 우리는 몇 가지 부정적인 결함을 지적하면서 전통과 좋은 습관이라는 유산을 함부로 폄하하는 일을 그쳐야 한다. 비록 오늘날 교회가 타락하고 세속화되었지만, 하나님은 여전히 약속을 주신 교회를 통해 하나님 나라를 세워 가신다. 하나님의 약속을 믿고 묵묵히 기도의 자리를 지키면서 충성하는 성도들을 주목하시고 그들을 사용하신다.

신약성경은 성전 제사를 중심으로 내려온 하루 세 번 기도를 인정하고 있으며, 기도가 하나님이 일하시는 도구요, 통로임을 분명히 한다. 유대교의 하루 세 번 기도는 분명 형식화되고 습관화된 측면이 있음에도 불구하고 하나님은 회복을 촉구하는 이스라엘 백성의 지속적인 기도운동을 사용하셨다.

오순절에 제자들에게 성령이 임하신 시간은 제삼시다. 그들이 아침 기도 시간에 모여서 기도할 때 성령이 임하신 것이다. 또한 성령을 받은 베드로와 요한이 나면서 못 걷게 된 이를 일으킨 사건 역시 제구시 기도 시간에 기도하러 성전에 올라가다가 일어난 사건임을 알 수 있다. 이 일을 통해 예루살렘에 복음이 증거되었다. 당시 부정하게 여겨졌던 이방인 고넬료의 구원을 통해 드디어 이방인에게도 복음이 전파되는 선교의 획기적인 전환이 되는 사건이 일어났다. 이 일의 발단 역시 베드로가 제육시에 지붕에 올라가서 기도할 때 일어났다. 고넬료가 베드로를 청하게 된 것도 마찬가지였다. 고넬료가 제구시 기도 시간에 기도하는 중에 천사가 나타나서 알려 주었다.[4]

이처럼 신약성경은 구약의 기도운동을 구속사의 통로로 사용하고 있다. 이스라엘 백성의 오랜 기도의 응답으로 신약의 모든 일이 일어나고 있음을 의도적으로 이야기해 준다.

초림의 주님이 백성의 기도 속에서 오셨다면, 당연히 재림의 주님과 그분의 나라도 성도들의 기도 속에서 온다. 이미 그리스도 안에서 시작된 하나님 나라의 부흥도 마찬가지다. 우리가 마음속으로

하나님 나라를 향한 열망을 품고 주의 나라의 도래를 위해서 기도
한다면 주님이 우리에게 임재하시고, 우리 가운데 나타나시고, 다시
한 번 부흥의 역사를 보여 주실 것이다. 그러므로 우리는 메시아의
시대를 가져다준 구약의 오랜 기도운동을 오늘날 우리의 기도에 있
어서 모델과 기초로 삼아야 한다.

하 나 님 나 라 / βασιλεια του θεου / 기 도 운 동

2

하나님 나라를 경험하려면
기도 중의 기도를 배우라

• 주기도에서 배우는 신약의 기도 •

이제 우리에게 정말 중요한 질문은 "다니엘과 선지자들, 거룩한 백
성을 통해 이어진 구약의 기도운동이 신약 시대에는 어떻게 전개되
었는가?" 하는 것이다. 예수님은 구약에서부터 흘러내려오는 기도
운동을 어떻게 계승하고 가르치셨는가? 그리고 이 기도운동은 오늘
날 우리에게 어떤 모습으로 계승되어야 할까? 이것은 이 시대에 하
나님 나라의 부흥을 소망하는 우리에게 정말 중요한 질문이다.

1. 예수님은 하나님 나라를 위해 기도하셨다 _구약의 기도를 이어 간 주기도

예수님과 신약의 성도들은 구약의 오랜 기도운동을 어떻게 적용했

을까? 주기도문에서 그 사실을 알 수 있다. 우리는 흔히 주기도문을 개인 기도 생활의 모범적인 기도문 정도로 이해한다. 하지만 사실 주기도문은 엄청난 보화를 담고 있다. 주기도문은 우리가 지금까지 살펴본 구약의 기도운동의 전통을 계승한 기도문이라고 할 수 있다.

주기도문은 구약의 기도운동을 계승한다

우리는 주기도문이란 예수님이 하나님으로부터 계시를 받아 작성하신 독창적인 기도문일 것이라고 생각한다. 그러나 실제로 주기도문은 예수님 당시에 유대교 회당에서 늘 사용하던 기도문과 매우 흡사하다. 쉐모네 에스레의 기도 내용과도 비슷하지만 특별히 카디쉬라는 회당 기도문과 흡사하다.

카디쉬 회당 기도문

그분의 이름이 높여지고 거룩히 여겨지이다
그분이 그분의 뜻에 따라 지으신 세상 안에서.
그분이 자신의 나라 / 다스리심이 다스리게 하시길
너희들의 생애에 그리고 너희들의 날들에 그리고
이스라엘 집안 전체의 생애에. 신속히 그리고 조만간.
그분의 위대한 이름이 영원에서 영원까지 찬양되소서.
이에 대해 말하라. 아멘.

카디쉬 기도문은 예수님이 가르쳐 주신 기도문보다 먼저 존재

했고, 예수님이 탄생하시기 이전부터 하나님께 올려지던 기도문이다. 요아킴 예레미아스는 예수님이 태어나고 양육받으신 가정이 경건한 유대인 가정이었기에 주님은 어려서부터 안식일마다 회당에 가셨을 것이라고 말했다.[1] 또한 예수님은 당시 유대주의 문화권에서 행해지던 기도 관습을 따라 기도하셨고, 일상적인 기도로 테필라는 물론 카디쉬 기도문을 사용하셨을 것이라고 주장했다.[2] 그러므로 주님이 가르쳐 주신 기도문의 내용은 주님이 이미 알고 계시던 카디쉬 기도문의 영향을 받았음을 부인할 수 없다. 여기서 우리는 주기도문이 구약의 오랜 기도운동을 계승한 역사적인 기도문이라는 사실을 발견하게 된다. 다시 말해, 주기도문은 구약의 기도운동의 맥을 잇는 기도문인 것이다.

예수님 당시 로마의 식민지 아래 있었던 유대인들 가운데는 메시아가 오셔서 하나님 나라를 이루어 주시기를 소망하며 나름대로 펼쳐 온 많은 운동이 있었다. 대표적으로 율법을 통해 하나님 나라를 이 땅에 가져오겠다는 말씀 운동인 바리새파 운동, 금욕을 중시한 과격한 하나님 나라 운동인 에센파 운동, 그리고 세례 요한의 운동 등이다. 그들은 각각 자신들이 추구하는 신학, 정체성, 비전, 목적을 담아 특별한 기도문을 작성했다.[3]

예수님이 주기도를 언제 가르치셨는지를 알면 그 취지가 이해된다. 예수님의 제자들 중 상당수가 세례 요한을 따랐었다. 어느 날 제자들은 예수님께 "주여 요한이 자기 제자들에게 기도를 가르친 것과 같이 우리에게도 가르쳐 주옵소서"(눅 11:1)라고 요청했다. 이 말은 세례 요한이 기도문을 통해 자신이 참여한 하나님 나라 운동이 무엇인지 가르친 것처럼 자신들도 예수님이 펼쳐 가시는 하나님 나라 운동이 무엇인지 알고 기도할 수 있도록 기도문을 가르쳐 달라는 의미다. 이와 같은 맥락에서 주님이 가르쳐 주신 주기도는 예수님이 선포하신 하나님 나라 운동을 위한 기도문이요, 하나님 나라의 이상과 목적을 담은 기도문이다.

김세윤 교수는 "주기도문은 예수님을 통해서 시작된 새로운 하나님 나라 운동의 요약"[4]이라고 말했다. 주기도문은 예수님이 시작하셨고, 이제 제자들이 참여해야 할 하나님 나라의 운동을 요약한 것이요, 하나님 나라의 공동체 선언문과 같은 것이다. 따라서 주기도문은 교회로 하여금 하나님 나라 운동을 이해하게 할 뿐 아니라 하나님 나라의 운동에 어떻게 참여할 수 있는지를 알려 준다. 우리는 주기도문을 따라 기도함으로써 하나님 나라의 운동을 시작하게 된다.

주기도문은 단지 예배용 기도나 개인 기도를 지도하기 위한 기도문에 머물지 않는다. 하나님 나라의 전통을 잇는 구약의 오랜 기도운동을 위한 기도문이요, 하나님 나라를 완성하는 기도문이다. 한마디로, 주기도문은 하나님 나라를 위한 기도운동을 가르쳐 주는 기도문이다.

다른 하나님 나라 운동과의 차이점

예수님이 하나님 나라의 도래를 위해 제자들에게 가르쳐 주신 기도

는 구약의 맥을 이은 여러 운동들의 기도와는 두 가지 면에서 차원
이 다르다.

첫째, 주기도는 예수님의 오심과 함께 '이미' 이 땅에 시작된 하
나님의 통치가 온 땅에 가득하기를 기도한다. 예수님 당시 다른 하
나님 나라 운동들은 아직 하나님 나라가 오지 않은 구약 시대의 운
동들이었다. 그러나 예수님께 하나님 나라는 예수 그리스도의 성육
신으로 인해 이미 이 땅에 시작되었다. 십자가와 부활을 통해 하나
님의 특별한 은총이 이 땅의 역사에 개입하기 시작했고, 사탄의 통
치에 맞서 하나님의 통치를 세워 가는 새로운 전쟁이 이미 시작되었
다.[5] 이제 누룩처럼 온 세상을 정복할 태세를 갖추었던 것이다.

그러므로 주기도는 아직 오지 않은 하나님 나라를 기다리는 구
약의 기도운동들과 달리 이미 시작된 하나님 나라의 강력한 도래와
번성을 위한 기도다. 비록 세상에 불의가 가득해도 이미 시작된 주
의 통치가 완성되어 모든 사람이 주의 주권 앞에 무릎 꿇는 일이 일
어날 것을 확신하는 가운데 드리는 기도인 것이다.[6]

둘째, 예수님이 오셔서 전하신 하나님 나라는 이스라엘과 다윗
왕조의 회복 등 정치적인 독립을 의미하는 것이 아니라,[7] 신자 개개
인이 그리스도 안에서 하나님의 통치 아래 들어갈 때 비로소 시작되
는 나라다. 하나님을 떠났던 아담의 실존에서 다시 하나님께로 돌아
와 그분의 통치 아래 거할 때 하나님이 부어 주시는 생명으로 충만
해지는 경험을 하는 나라다.[8] 예수님의 하나님 나라는 정치적이고
물리적인 회복을 꿈꾸었던 당시의 운동들과 달리 위로부터 임하는

나라로서 초월적이고, 한 개인의 내면의 변화에서부터 시작되는 내적인 것이요, 영적이었다.

그렇다고 이 세상의 현실에 무관심하지는 않다. 영적이고, 내면적이고, 초월적이기에 처음에는 눈에 보이지 않지만 결국 누룩처럼 번져서 온 세상을 덮는 나라인 것이다. 신구약 성경은 장차 올 하나님 나라가 얼마나 영광스러운 나라이며 확실히 약속된 나라인지를 수없이 이야기하고 있다.[9]

2. 무슨 기도를 할지 모르겠다면 주기도를 배우라 _ 견고한 기도의 토대

주기도문 전체를 꿰뚫는 주제는 "하나님 나라"다. 주기도문은 전반부와 후반부로 나눌 수 있는데, 전반부는 주어가 2인칭 단수인 '당신'($\sigma o \nu$)이므로 '당신 청원'이라고 하고 후반부는 주어가 1인칭 복수인 '우리'($\eta \mu \omega \nu$)이기에 '우리 청원'이라고 한다.[10] 마치 십계명의 전반부 4개의 계명이 '하나님 사랑'에 대한 것이며, 후반부 6개의 계명이 '이웃 사랑'에 대한 것이듯 주기도문도 둘로 나뉘어 있다.

전반부의 주제는 역시 십계명의 처음 4개의 계명처럼 하나님에 대한 것이다. 즉 "주의 나라가 임하소서"가 '당신 청원'의 핵심 주제다. 헬라어 원문을 보면, '당신 청원' 3가지는 접속사 없이 부정과거 명령형으로 연결되어 있으나, '우리 청원' 3가지는 접속사($\kappa \alpha i$)로 연결되어 있다.

부정과거 형태와 '하나님'을 주격으로 하는 수동태를 적용하는 '당신 청원' 3가지는 하나의 구속사를 가리키는 것으로서, 비르거 게할드슨(Birger Gerhardsson)은 이를 가리켜 "세 부분의 대구법으로 이루어진 하나의 기도"라고 불렀다.[11] 유대교 카디쉬 기도의 전통적인 흐름에 비추어 볼 때도 '당신 청원'의 첫 번째 기도인 "하늘에 계신 우리 아버지여 이름이 거룩히 여김을 받으시오며"는 독립적인 청원이라기보다 하나님에 대한 인간의 반응으로서 하나님을 향한 고백과 찬양으로 보는 것이 더 부합된다.[12] 또한 누가복음에는 없고 마태복음에만 있는 세 번째 청원인 "뜻이 하늘에서 이루어진 것같이 땅에서도 이루어지이다"도 "나라가 임하시오며"라는 간구를 확장한 것으로서, 나라가 임하는 그때에는 하늘에서 이루어진 뜻이 땅에서 이루어진다는 사실을 설명해 준다고 보는 것이 자연스럽다.[13]

결과적으로 '당신 청원'의 핵심 간구는 "나라가 임하시오며"라는 기도문에 있음을 알 수 있다. 김세윤 교수는 주기도문의 청원을 1개의 '당신 청원'과 3개의 '우리 청원'으로 보았다.[14] 조나단 에드워즈도 '당신 청원'의 3가지 기도는 영광스러운 날, 즉 하나님 나라의 도래를 위한 기도라고 말했다.[15] 톰 라이트(Thomas Nicholas Wright) 역시 3가지 기도를 "아버지의 나라가 오게 하시며"라는 제목 아래 하나의 장으로 통합했다.[16] 그러므로 '당신 청원'의 핵심은 하나님의 나라를 구하는 기도라는 것을 알 수 있다.

그러면 후반부인 '우리 청원'의 핵심 주제는 무엇인가? 십계명의 후반부 6개의 계명처럼 주의 백성에 대한 것이다. 이 기도문은 각

절마다 주어가 '우리'다. 여기서 '우리'는 하나님 나라의 통치 아래 들어온 백성, 하나님을 "아버지"라고 부르는 주의 백성을 의미한다. 이 땅의 하나님 나라는 바로 주의 백성의 출현으로 나타난다. 즉 교회는 하나님 나라가 가시화된 것이다.

그런 면에서 '우리 청원'은 교회를 위한 기도다. '당신 청원'이 주의 나라가 임하기를 원하는 기도라면, '우리 청원'은 하나님 나라에 편입된 주의 백성을 위한 기도다. 이방인들과 달리 하나님을 아바 아버지로 모시고 살아가는 주의 자녀들이 어떻게 매일의 삶 속에서 하나님의 통치를 경험하며 살아야 하는지를 가르쳐 주는 기도인 것이다.

이와 관련해 존 쾨니그(John Koenig)는 조엘 마르쿠스(Joel Marcus)의 말을 다음과 같이 인용했다. "하나님 나라에 들어가는 것은 … 일상생활을 떠나 다른 세상으로 옮겨 가는 것이 아니라, 오히려 이 세상으로 강력하게 쇄도해 들어오시는 하나님과 일상생활 속에서 만나는 것이다."[17] '우리 청원'은 바로 이 세상 속에 들어오시는 하나님과 일상생활 속에서 만나는 법, 즉 하나님의 통치를 경험하는 방법을 알려 준다.

그러므로 주기도문의 전반부인 '당신 청원'을 통해 하나님 나라가 끊임없이 도래하고 확장되기를 기도해야 한다는 사실을 알았다면, '우리 청원'에서는 하나님 나라의 백성이 세상 속에서 보존되며, 풍성한 삶을 누리고, 거룩한 공동체로서 하나님의 통치 아래 살도록 기도해야 한다. 교회가 믿음, 사랑, 소망의 공동체로 보존되기를 소망하는 기도다. 이것은 하나님의 통치가 공동체에 어떻게 구체적으로 임하며, 어떻게 그 구성원들을 다스릴지에 대한 기도인 것이다.

결론적으로, 주기도문의 전반부와 후반부 모두 하나님 나라를 위한 기도가 핵심 내용이다. 특별히 십계명 전반부의 4개 계명이 신학적인 주도권을 가지는 것처럼, 주기도문도 "주의 나라가 임하소서"라는 전반부의 주제가 주도적인 사상이다.

그러면 도대체 하나님 나라란 무엇인가? 여기서 '나라'는 헬라어로 '바실레이아'(βασιλεια), 즉 왕국을 말하는데, 오늘과 같은 민주 국가가 아니라 왕이 입법권과 사법권을 가진 절대 왕정을 말한다. 그러므로 하나님 나라의 핵심은 하나님이 통치하시는 나라, 하나님이 왕권을 가지신 나라를 의미한다. 나라의 요소인 영토와 백성도 중요하지만 왕권이 확립되어 있을 때 한 나라의 주권이 제대로 설 수 있기 때문이다.[18] 하나님 나라는 하나님이 왕으로 오셔서 당신의 백성을 통치하시는 나라이고(사 52:7-10), 하나님 나라의 도래는 하나님의 통치의 회복을 의미한다고 할 수 있다.[19]

이것은 구약의 백성이 오랜 시간 기도했던 바로 그 기도의 내용이다. 그들은 압제에서 벗어나 하나님이 통치하시는 참 자유와 해방과 평화의 나라에서 살기를 소망하면서 기도해 왔다. 이처럼 주기도문은 구약의 오랜 기도운동을 계승하는 하나님 나라를 위한 기도문이다.

3. 왜 주기도를 공동체 안에서 고백하는가 _ 공동체의 연합과 승리의 확신

공동체의 기도

주기도문은 "하늘에 계신 우리 아버지여"로 시작한다. 개인의 아버지가 아니라 우리 모두의 아버지로 호칭한다. 원문을 보면 '우리'($\eta\mu\omega\nu$)가 9회나 사용되었다. 이것은 주기도문이 개인을 위한 기도가 아니라 하나님의 백성 공동체를 위한 기도, 즉 하나님 나라의 통치를 구하는 기도임을 알려 준다.[20] 주후 3세기 초 주교 키프리아누스(Cyprianus Caecilius)는 "우리의 기도는 공적이고 공동으로 바치는 기도입니다. 우리는 기도할 때 각자 혼자만을 위해서가 아니라 모든 백성을 위해서 기도해야 합니다"[21]라고 말했다.

앞서 이야기했듯이 주기도문은 예수님을 통한 하나님 나라 운동의 사명선언문적인 성격을 내포하고 있다. 주기도문은 교회로 모이는 성도들로 하여금 그들이 지향해야 하는 목표를 알려 주고, 소망을 바라보게 하며, 이 땅에서 해야 할 일을 가르쳐 주고, 이 모든 일이 기도를 앞세워 이루어져야 한다는 사실을 말해 준다.[22]

초대교회 당시 주기도는 교회의 정식 회원(membership)만 드릴 수 있었다. 입교인의 매우 소중한 특권 중 하나로서, 그리스도인(christian)으로서의 정체성을 보여 주는 매우 중요한 표시였다.[23] 그러므로 주기도는 교회의 구성원들이 마음을 모아서 하나님께 올려드려야 할 기도다. 이처럼 공동체가 한마음이 되어 드리는 기도를 통해 이 땅에 하나님 나라가 임한다. 예수님이 승천하신 후 성령이 강림하시고, 교회가 세워지고, 복음이 전파되어 하나님 나라가 확장되어 간 것도 성도들이 함께 모여 한마음으로 간절히 기도했기 때문이다.[24]

조나단 에드워즈는 교회가 연합해 하나님 나라를 위해서 기도하는 기도합주회를 만들면서 "이렇게 함께 기도할 때에 우리는 그리스도의 나라에 대한 관심이 마음속에서 사라지지 않게 되고, 그 나라가 임하는 것을 위해서 깨어 기도하는 의무를 지속적으로 수행할 수 있는 촉진제가 된다"[25]고 말했다. 우리는 이처럼 하나님의 나라를 위해 연합해서 기도해야 한다. 그런 면에서 함께 모여 기도하는 일은 매우 중요하다. 개인적으로 드리는 기도는 이기적이고 기복적으로 흐르기 쉽다. 하지만 공동체가 함께 모여서 교회와 나라와 민족을 위해서 기도할 때 우리는 주님이 가르쳐 주신 하나님 나라에 대한 관심을 마음에 담게 된다.

왜 하나님 나라가 임하지 않는가? 우리의 마음속에 하나님 나라를 향한 열망이 없기 때문이다. 우리는 조나단 에드워즈가 말했듯이 함께 모여서 공식적으로 하나님 나라의 중요성을 마음에 담고 기도해야 한다. 주기도문은 성도들이 연합하고 교회들이 하나 되어서 주의 나라를 위해서 간절히 기도할 것을 요청한다.

승리의 확신

주기도는 "나라와 권세와 영광이 아버지께 영원히 있사옵나이다"라는 기도로 마무리된다(송영). 송영은 주기도문이 이 땅에서 하나님과 사탄 사이에 벌어지는 나라, 권세, 영광의 싸움을 배경으로 하고 있음을 알려 준다. 주기도는 영적 전쟁의 한복판에서 하나님 나라, 하나님의 통치가 속히 임해 사탄의 나라가 빨리 종식되기를 간구하는 기도다.[26]

　　한편 송영은 싸움의 최후 승리를 이미 보장하고 있다. 다니엘서의 뜨인 돌 환상처럼 하나님 나라가 승리를 거두고 이 땅 가운데 우뚝 설 것이며(단 2:24-35, 개역한글), 땅의 모든 끝이 여호와를 기억하고 돌아오며, 열방의 모든 족속이 주 앞에 경배할 것이다(시 22:27, 67:7, 98:3; 사 45:22). 모든 권세가 주님 앞에 무릎 꿇고 사탄이 그분의 발아래 짓밟힐 것이다(빌 2:10; 히 10:23). 물이 바다를 덮음같이 여호와의 영광을 인정하는 것이 온 땅에 가득해질 것이며(합 2:14), 사탄의 나라는 완전히 멸망할 것이다(계 16:17-21). 그리스도는 온 땅의 정복자로, 이 땅에 있었던 제국들과는 비교할 수조차 없을 만큼 광범위한, 전 세계 위의 만왕의 왕이 되실 것이다.[27]

　　아울러 송영은 하나님 나라를 위한 기도가 반드시 응답될 것을 확신하게 해 준다. 교회가 이 땅에 하나님 나라가 오기를 쉬지 않고 간절하게 기도할 때 하나님이 바로 그 기도를 통해 최후 승리를 얻게 해 주시는 것이다. 하나님 나라의 최종 승리는 이미 하늘에서 이루어진 하나님의 뜻이다. 그러나 하나님은 그 뜻을 성취하기 위해서 기도할 사람을 찾으신다.[28] 교회가 주의 나라를 위해서 기도할 때 하나님은 교회가 드리는 기도에 응답하기를 기뻐하신다.[29] 교회의 기도는 반드시 응답되고, 최후 승리가 주어질 것이다.

끈질긴 기도

누가복음에서 예수님은 주기도문을 가르치신 후 비유를 통해 주기도를 어떤 자세로 드려야 할 것인가를 말씀하셨다. 멀리서 찾아온 굶주린 친구를 위해 이웃에 사는 친구를 찾아가 떡 세 덩이를 간청한 사람처럼 구하고, 찾고, 두드리라고 하셨다(눅 11:5-13). 구하고, 찾고, 두드리는 것은 점층적인 표현이다. 우정을 의지해 떡 세 덩이를 겸손하게 '구해서' 주지 않으면 설득하든지, 빌든지, 모든 생각을 동원해 얻을 방법을 '찾아보라'는 것이요, 그래도 주지 않으면 줄 때까지 문을 '두드리며' 간청하는 인내와 끈기 있는 태도를 보이라는 것이다.

여기서 끈기 있게 간청하라는 것은 우정이나 공로가 아니라, 그리스도 안에서 주어진 자녀의 신분과 권세를 가지고 하나님 아버지께 담대히 나아가 구하라는 것이다. 자녀의 특징은 공손함보다 뻔뻔함과 끈질김이다. 아버지가 자녀를 한없이 사랑해서 자녀에게 좋은 것을 줄 줄 알기에 가능한 태도다. 주님은 하나님 아버지께 나아가서 포기하지 말고 끈질기게 간구하라고 말씀하셨다. 끈질긴 기도야말로 온전한 믿음의 표현이다.

앞서 다니엘의 기도를 통해 살펴보았듯이, 하나님의 나라를 위한 기도는 끈기를 요구한다. 흑암 가운데 전혀 무의미하고 무력해 보이는 기도의 행렬 속에서 마침내 그리스도가 오셨음을 기억하며 끝까지 기도해야 한다. 이처럼 끈기 있는 기도를 통해서 하나님의 나라가 이 땅에 이루어지는 것이다.

하나님 나라는 예수님 당시 열혈당이 추구했던 방식대로 힘에 의해서 세워지는 것이 아니라, 철저히 은혜로 온다. 주기도는 하나 님께 초월적인 은혜를 베풀어 달라고 간절히, 그리고 끈질기게 기도 하는 것이 하나님 나라 운동의 최전선에 있어야 할 사역임을 가르쳐 준다.

4. 결단 없는 주기도는 위험하다 _주기도의 정신과 목적을 따라

예수님은 "너희는 이렇게 기도하라"(마 6:9)라고 말씀하시면서 주기 도문을 가르쳐 주셨다. '이렇게'라는 말은 헬라어로 'οὕτως'(후토스)로 서, 영어 성경에는 '이런 방식으로'(NIV, KJV)라는 뜻으로 표현되어 있다.[30] 주님이 주기도문을 가르쳐 주신 이유는 그저 예배 시간마다 암송하듯 자구적인 답습을 의도하신 것이 아니라 정신과 내용 및 순 서상의 방법에 대한 올바른 기도의 모범적인 제안으로 받아들이라 는 뜻에서였다.[31] 누가복음과 마태복음을 비교해 보아도 이 사실을 알 수 있다. 각각의 저자인 누가와 마태는 예수님이 가르쳐 주신 기 도를 똑같은 단어를 사용해 판박이처럼 기록하지 않았다. 또한 성경 어디에도 주기도문을 반복해서 비슷하게라도 사용한 흔적이 없다.

존 칼빈은 주기도문은 주님이 우리에게 주신 기도의 모범으로 서 단순히 주기도문의 문구를 따르는 것이 아니라 주기도문의 내용 과 기본적인 틀에 초점을 맞춰야 한다고 말했다. 기도에 사용되는 용어는 전혀 다를지라도 그 뜻은 주기도문의 가르침과 일치해야 한다는 것이다.[32] 우리는 주기도문을 기도의 본질적인 지침을 제공하는 요약판으로 이해해야 한다.[33]

그러나 우리는 어떠한가? 철야기도회에서 밤을 새워 주의 나라가 아닌 나의 나라를 위해서 기도하고, 정작 기도회가 마칠 때에만 주기도문을 암송한다. 다시 말해, 주기도문의 뜻과 부합하지 않는 기도를 드리고 기도를 마칠 때는 용어를 똑같이 한다. 원래의 가르침과 거꾸로 주기도를 사용하는 것이다. 물론 주기도문을 예배 의식으로 삼음으로써 그 중요성을 인식할 수는 있다. 하지만 습관적인 암송은 때로 주기도의 진정한 능력을 앗아 갈 수 있음을 기억해야 한다.

초대교회에서 주기도가 실천된 사례는 유대교처럼 예전적인 실천에서 볼 수 있다. 유대인들이 회당에서 예배할 때 카디쉬와 쉐모네 에스레 기도문을 암송하고, 하루 세 번 기도 생활에서 그 기도문을 암송하듯이 초대교회는 주기도문을 하루 세 번 암송했으며, 동시에 예배 중에 암송하는 의식으로 정착시켰다.

주후 100년경에 기록된 《디다케》(열두 사도의 교훈)는 하루 세 번씩 주기도문으로 기도하라고 했다.[34] 아울러 주후 2세기 말, 3세기 초에 그리스도인들에게 주어진 규범서인 《사도전승》에 의하면, 당시 그리스도인들은 제삼시, 제육시, 제구시에 기도하도록 되어 있었다.[35] 주후 3세기 초 카르타고 주교였던 키프리아누스도 제삼시, 제육시, 제구시 기도 시간을 이야기하면서 하루 세 번의 기도를 삼위

일체의 신비와 연결했으며, 더 나아가 십자가의 희생과 연결함으로 기도 시간에 의미를 더해 그 중요성을 강조했다.[36] 초대교회는 이와 같이 유대교의 전통을 따라서 하루 세 번 암송하는 것과 아울러 예배 의식의 한 부분으로서 주기도를 드려 왔다.

우리는 주기도를 하루 세 번, 문자 그대로 암송하는 것 자체를 부정적으로 볼 필요는 없다. 오히려 예전적으로 실천함으로써 예배 때마다 주기도의 중요성을 인식할 수 있다. 하루 세 번 기도하는 것, 그리고 문자 그대로 암송함으로써 기도운동의 기본과 뼈대를 중요하게 간직하게 된다. 우리는 율법에 자유하다는 이유로 율법폐기론자가 되어서는 안 된다. 그리스도 안에서 율법의 정신을 성취하기 위해서는 율법을 문자적으로 이해할 수 있어야 한다. 그런 측면에서 우리가 주기도를 예전적으로 받아들이고 암송하는 것은 교회 생활의 기본이요, 결코 무시할 만한 요소가 아니다.

그러나 요아킴 예레미아스가 지적했듯이 예수님과 초대교회는 주기도가 예전과 전통으로 굳어지는 것을 배격했다는 사실을 기억해야 한다. 주기도문이 예배 의식적 전통으로 자리매김한 것은 주기도문을 중요시했다는 측면에서는 의미를 둘 수 있지만, 오히려 주기도문이 유대교의 기도문처럼 하나의 전통과 습관으로 굳어지는 경향을 초래했다.

우리는 주기도를 습관적으로 암송하는 차원을 넘어서야 한다. 주기도가 말하는 정신과 내용을 계승해 하나님 나라 운동을 위한 역동적이고 살아 있는 기도가 되게 해야 한다. 그로써 원래 주님이 허락하신 의도대로 강력한 하나님 나라 운동을 위한 기도문으로 삼아야 한다. 그때 우리는 예배마다 주기도를 암송하며 그 목적과 의미를 되새기게 될 것이다(주기도문의 목적과 정신을 따라서 어떻게 기도할 것인가는 기도운동의 역사를 다룬 후에 제4장에서 이야기할 것이다. 순서상 먼저 다루어야 이해하기 좋지만 기도운동적인 측면에서 주기도문에 대한 이해의 흐름을 이어 가고자 순서를 뒤로 했다. 제4장을 먼저 읽어도 좋다).

다음 장에서 살펴보려는 내용은 '과연 예수님과 제자들이 어떻게 주기도문을 그 정신과 목적을 따라서 기도운동의 도구로 삼았는가?' 하는 것이다. 주기도문을 가르치신 예수님과 그 기도를 배운 제자들에게서는 어떤 예배의식적인 주기도문 암송의 흔적을 찾아볼 수가 없다. 그들에게 나타난 것은 바로 하나님 나라를 위한 사역으로서의 기도였다. 즉 그들은 기도운동으로서 주기도의 정신을 실천했던 것이다.

기도하는 언어는 다를지라도 기도하는 내용이 주기도의 맥락과 같을 때 우리는 바른 기도를 할 수 있다. 그러므로 우리는 주기도의 핵심 주제가 "하나님 나라"요, 주기도문은 하나님 나라 운동을 위한 기도문임을 인식해야 한다. 그리고 주기도를 통해 주의 나라를 구함으로써 예수님이 펼치셨던 하나님 나라의 운동에 참여하는 것임을 깨달아야 한다.

5. 주기도는 사명자의 특권이다

예수님은 하나님 나라를 위해 먼저 기도로 사역하셨다

예수님은 유대교의 기도 시간을 인정하셨을 뿐 아니라, 그들의 기도문 역시 무가치하게 여기지 않으셨다. 주님은 오히려 주기도문을 통해서 그들의 기도문을 완성하고 그 역사성을 계승하셨다.[37] 이처럼 예수님의 기도는 구약의 기도운동의 연장선상에 있다.

하지만 예수님이 보여 주신 기도는 유대인들의 하루 세 번 기도의 차원을 뛰어넘는다. 마가복음에서 예수님은 새벽 아직도 밝기 전에 일어나 한적한 곳에 가서 기도하셨다(막 1:35). 또한 광야에서 40일 동안 금식하며 기도하셨으며(마 4:2; 눅 4:2), 제자들을 부르실 때는 밤이 새도록 산에서 기도하셨고(눅 6:12), 사람들이 자기를 임금으로 삼으려고 할 때도 밤에 기도하러 가셨다(요 6:15). 주님의 기도는 장소와 시간에 있어서 유대교의 형식적인 전통을 뛰어넘었다.[38]

1) 예수님의 기도는 가르치고, 치유하고, 전파하는 사역의 기초가 된다

다음 장에서 자세히 살펴보겠지만, 예수님은 이 땅에 하나님 나라를 가져오시기 위해 복음을 가르치시고, 치유하시고, 전파하시는 3대 사역을 행하셨다. 그리고 주님의 기도는 3대 사역의 기초가 되었다. 안식일 오전에 회당에서 가르치시고, 오후에 베드로의 장모의 열병을 치유하시고, 저녁에 치유 사역을 행하신 능력은 바로 다음 날 새벽 아직도 밝기 전에 기도하심으로 말미암았다(막 1:21-39). 특히 누

가는 기도를 통해서 모든 사역이 가능했음을 강조했다.[39]

　　예수님은 기도를 통해서 자신이 보내심을 받은 목적인 전도를 잊지 않으셨고(막 1:35-39), 기도를 통해서 하나님 나라 운동의 조직을 만들기 위해 사도들을 세우는 일을 진행하셨고(눅 6:12), 기도를 통해서 성령의 권능으로 귀신을 쫓아내고 병을 고치셨고(막 9:29), 기도를 통해서 정치적인 왕이 되고자 하는 유혹을 이기셨으며(요 6:15), 겟세마네 동산에서의 간절한 기도를 통해서 십자가를 외면하고자 하는 두려움과 유혹을 이기고 결국 그 길을 가셨다(눅 22:39-46). 십자가상에서조차 예수님은 자신에게 못을 박는 자들을 위한 기도를 쉬지 않으셨다(눅 23:34). 그리하여 마침내 예수님은 기도를 통해서 이 땅에 하나님 나라를 가져오는 사역을 이루어 가셨다.[40]

2) 예수님은 제자들에게 기도로 사역하라고 가르치셨다

예수님의 공생애 자체가 기도 사역의 모본이다. 제자들이 예수님께 기도를 가르쳐 달라고 한 맥락도 주님이 친히 기도하는 본을 보이셨을 때 나온 반응이었다. 주님은 제자들에게 바리새인들처럼 위선적으로 기도하지 말고 골방에 들어가서 은밀한 중에 계시는 아버지께 기도하라고 가르치셨다(마 6:5-6). 벗 됨의 관계를 뛰어넘어 간청하는 끈기 있는 기도를 드려야 할 것을 가르치셨다(눅 11:6-8). 인자가 올 때까지 낙망하지 말고 기도로 하나님 나라를 구하는 믿음을 가져야 할 것을 과부의 간청 기도를 통해서 가르치셨다(눅 18:1-8). 귀신을 쫓아내지 못하는 제자들에게 기도와 금식이 필요하다고 말씀하셨고(막 9:29), 십자가 결전을 앞둔 제자들에게 깨어서 기도해야만 시험을 이길 수 있다고 하셨다(눅 22:40, 46).

특별히 예수님은 거대한 영적 전쟁에서 자신이 어떻게 기도로 이기는지를 알려 주려고 3명의 제자들을 가까이 두어 본을 보여 주셨다(마 26:36-37; 막 14:32-33). 또한 부활하신 예수님은 제자들에게 성령을 기다리며 기도할 것을 가르치셨다(눅 24:49; 행 1:4). 그리고 승천하셔서 온 땅의 통치자가 되신 예수님의 이름으로 제자들이 기도할 때 자기보다 더 큰 일을 할 수 있다고 가르치셨다(요 14:12-13).

이처럼 예수님은 제자들에게 기도로 사역하는 모범을 보여 주심으로써 하나님 나라의 사역에 있어서 어떻게 기도운동을 앞세워야 하는가를 가르쳐 주셨다.[41] 예수님께 기도는 단순한 경건의 차원을 넘어 하나님 나라를 이 땅에 가져오시기 위한 강력한 기도운동이었다.

사도들 역시 하나님 나라의 사역을 위해 기도를 앞세웠다

사도들은 하루 세 번 유대교의 기도 시간 외에도 밤낮으로 쉬지 않고 항상 기도했다(엡 6:18; 딤후 1:3). 사도들의 신앙과 영성 생활 역시 유대주의의 제도화된 종교 전통을 뛰어넘었다. 주후 3세기 초의 주교인 키프리아누스는 하루 세 번 정한 시간에 기도해야 하지만, 동시에 새벽이나 밤을 포함해 온종일 기도 속에서 살아야 한다고 말했다.[42]

기도의 내용에 있어서도 제자들은 위정자들, 정치 안정, 복음 전도, 교회의 문제와 성도들을 위해서 끊임없이 중보기도 했다(딤전

1:1-2; 빌 1:3-4; 엡 1:15-19). 이것은 "뜻이 하늘에서 이루어진 것같이 땅에서도 이루어지기를 기도하라"라는 주기도의 가르침을 적용한 것이다. 그러므로 사도들은 단지 문자적으로 주기도를 암송한 것이 아니라, 주기도의 정신을 따라서 기도로 사역했음을 알 수 있다.[43]

1) 모든 복음 사역에 기도를 앞세웠다

성령이 강림하시어 새 시대를 연 오순절 사건은 바로 사도들이 한마음으로 10일 동안 간절히 기도한 데서 비롯했다(행 1:14). 기도한 결과 그들은 성령으로 충만해 복음을 증거하게 되었고, 3,000명이 세례를 받으면서 하나님 나라가 확장되었다(행 2:14). 또한 베드로와 요한은 제구시 기도 시간에 성전으로 기도하러 올라가다가 나면서부터 걷지 못하는 자를 치유하는 기적을 행했다(행 3:1-7). 기도로 연합하고, 기도 시간을 준수하며, 기도에 마음을 들인 그들을 통해 치유가 일어났고 하나님 나라가 경험되는 사건이 일어났다. 그리고 이 일로 5,000명이 예수님을 믿음으로써 하나님 나라가 널리 펼쳐졌다(행 4:5).

장로와 서기관들이 복음 전하는 것을 금하고 협박하자 사도들은 다시 모여서 기도했다(행 4:23-30). 그들은 핍박에 굴하지 않고 가르치고, 치유하고, 전파함으로 하나님 나라가 임하기를 간구했다. 그 결과 모인 곳이 진동하고 다 성령의 충만함을 받고 담대히 하나님의 말씀을 전했다(행 4:31). 그들을 통해서 공동체의 유무상통 현상이 일어났고(행 4:32-37), 마귀의 시험으로부터 교회의 순결을 지켜

낼 수 있었으며(행 5:1-11), 치유의 기적이 일어났다(행 5:12-16). 그리고 그들은 핍박 속에서도 쉼 없이 가르치고 전도했다(행 5:17-42). 그리하여 하나님 나라는 핍박 속에서도 계속적으로 확장되어 갔다.

일련의 사건들을 볼 때 사도들의 기도는 주님이 가르쳐 주신 기도의 정신과 명백하게 일치한다. 그들은 주기도문을 단순히 암송한 것이 아니라 하나님 나라 운동을 위한 기도문으로 사용했다. 사도들은 기도를 방해하는 것들로부터 벗어나기 위해 집사들을 세워서 기도의 우선순위를 정했고, 기도하는 일에 전무했다(행 6:4). 베드로가 옥에 갇혔을 때 교회는 기도했고 천사를 통해서 옥문이 열렸다. 베드로를 해치려던 헤롯은 벌레에게 먹혀 죽었고 하나님의 말씀은 흥왕했다(행 12:5-24). 초대교회는 기도운동을 앞세워서 모든 부분에서 승리를 이끌어 갔다.[44]

2) 바울은 모든 사역에 기도를 요청했다

사도행전 후반부의 중심인물은 바울이다. 바울을 통해서 엄청난 성령의 능력이 나타났고, 그의 제1, 2, 3차 선교 여행을 통해서 하나님 나라가 로마에까지 이르렀다. 이러한 바울의 선교 여행의 배후에는 많은 기도가 있었다. 우리는 이 사실을 바울의 서신서들에 나타난 기도 요청을 통해서 짐작할 수 있다(엡 6:19-20; 골 4:2-3; 살후 3:1-2). 이는 하나님 나라를 위한 구체적인 기도의 제목들이다. 예수님이 하나님 나라를 위해 가르치시고, 치유하시고, 전파하시는 사역을 위해 기도를 요청하신 것과 같다. 바울의 기도 요청에 교회는 쉼 없는 중보기도로 응답했다.

또한 바울은 디모데에게 목회적 조언을 하면서 교회가 최우선으로 삼아야 할 것이 모든 사람과 임금과 높은 지위에 있는 사람들을 위해서 기도하는 일이라고 말했다(딤전 2:1-2). 교회가 만민이 기도하는 집이어야 한다는 주님의 가르침을 계승한 것이다(막 11:17).[45]

3) 교회에는 기도의 권세가 주어졌다

실제로 교회의 기도는 선교 현장에 하나님의 기적을 가져온다. 사도행전 12장을 보면 헤롯이 베드로를 옥에 가둔 후 군사 넷씩 네 패에 맡겨서 지키게 하는 장면이 나온다. 그런데 이처럼 절망적인 상황에 천사가 나타나 베드로를 도와 옥문을 열어 주었다. 교회가 기도했기 때문이다. "이에 베드로는 옥에 갇혔고 교회는 그를 위하여 간절히 하나님께 기도하더라"(행 12:5).

하나님은 교회가 마음을 합해서 기도하는 일에 응답하겠다고 약속하셨다(마 18:19-20). 이처럼 교회는 기도를 통해 이 땅에 하나님 나라의 도래를 가져온다. 그리고 마침내 신약의 사도들은 교회의 기도 속에 땅 끝까지 복음을 증거하라는 주님의 사명을 완수했다. 그리고 주님의 약속대로 이 땅에 임한 하나님 나라는 누룩처럼 온 세상을 정복했다. 주님이 주신 기도의 명령과 가르침은 하나님 나라를 세워 나가는 강력한 능력이 되었다.

우리는 주기도가 말하는 정신과 내용을 계승해

하나님 나라 운동을 위한

역동적이고 살아 있는 기도를 드려야 한다.

하 나 님 나 라 / βασιλεια του θεου / 기 도 운 동

3

교회가 무너지고 있다면
기도로 터닝 포인트를 삼으라

• 기독교 역사의 전환점에서 드린 기도 •

주기도의 목적과 정신을 따라 하나님 나라를 위한 기도를 앞세울 때 놀라운 부흥이 일어난 사례들은 참으로 많다. 이 땅에 일어난 모든 부흥의 역사의 배후에는 먼저 하나님 나라에 마음을 쏟는 강력한 기도운동이 있었다.

1. 하나님은 기도하는 사람을 외면하지 않으신다

_ 세속화 속에서 기도에 전념한 사람들

콘스탄티누스 시대 이후 교회와 국가가 연합하면서 교회는 세속화되었다. 교회가 로마 제국의 거의 모든 인구를 받아들임으로써 기독교가 유행처럼 번졌고, 위선자와 형식적인 신자들의 수가 급증하고 이교적 요소들이 침입하는 등 교회는 그야말로 세상의 교회가 되고 말았다. 이러한 교회의 세속화에 반대해 일어난 운동이 수도원주의 운동이다.[1]

파울루스와 안토니우스

수도원주의는 주후 4세기 초에 등장해 중세 시대 내내 영향을 미쳤다. 그 시작은 파울루스(Paul)와 안토니우스(Anthony)에서 비롯된 것으로 알려져 있다.

파울루스는 거의 100년간 은둔하며 살았고, 동물들 외에 어떤 사람도 만나지 않았으며, 까마귀가 가져다주는 떡을 먹고 살면서 기도에만 전념한 사람이다. 이외에는 거의 알려진 바가 없으며, 안토니우스만이 그를 만났고 그에게 큰 영향을 받은 것으로 알려졌다.[2]

파울루스에게 영향을 받은 안토니우스는 어느 날 하나님의 말씀을 듣고 감명을 받아 유산으로 받은 약 37만 평의 토지를 마을 주민들에게 나눠 주고 모든 재산을 가난한 사람들에게 주었다. 그 후 "쉬지 말고 기도하라"는 교훈대로 끊임없이 기도하기 위해서 광야로 나가 은둔 수도의 창시자가 되었다. 그의 영향으로 이집트 사막에는 숨어서 도를 닦는 은수자들이 가득했고, 수도원주의 열풍이 기독교 세계를 뒤덮었다.

사막의 성자들

그래서 주후 5세기에는 사막의 성자들이 수도원주의 운동을 주도했다. '기둥 성자'라 불리는 시므온(Simeon Stylites)은 20m 높이의 기둥 위에서 36년을 지냈다. 그곳에서 밧줄로 몸을 묶고 기도에 전념했고 사람들이 올려 준 음식을 먹었다. 금욕주의는 잘못된 것이지만, 시므온은 기도에 자신의 인생을 건 사람이었다. 기도와 수행에만 전념하던 그는 몰려오는 사람들에게 회개를 전하고, 병자를 고치고, 이교도를 회심시켰다.[3] 사막의 성자들은 타락해 가는 중세 로마 가톨릭의 영적 생명을 이어 갔다.

베네딕투스

안토니우스의 제자인 아타나시우스(Athanasius)에 의해서 서방 세계에 수도원주의가 전파되었다. 그러면서 암브로시우스(Ambrosius), 아우구스티누스(Augustinus), 제롬(Jerome), 베네딕투스(Benedictus)에 이르는 서방 수도원 운동이 탄생했다. 베네딕투스 당시 유럽은 도덕적으로, 종교적으로 회복이 불가능해 보이는 지경에 이르렀다. 이러한 상황을 안타깝게 여긴 베네딕투스는 자신의 이름을 딴 수도회를 설립했다. 베네딕투스의 생활 규율은 수 세기 동안 큰 영향력을 발휘했다. 베네딕트회의 수도원 일과 중 가장 많은 하루 7시간이 기도와 시편 찬송과 명상에 배정되었다.[4]

수도원주의 운동의 결과

수도원주의 운동에서 주목한 것은 바로 기도다. 수도원주의 운동의 가장 중심에는 기도에 전념한 기도운동이 있었다. 그 결과 수도원주의 운동은 세속화되는 중세 교회 속에서 대도시들의 세속성과 부도덕성에 대해 경종을 울리고 회개를 촉구했고, 병자들을 치유했으며, 도덕적인 삶을 살도록 인도했다. 사회적으로도 평등을 추구하고 가난한 사람들을 돌보는 역할을 했다. 가톨릭 선교사들이 수도원에서 파송되었고, 이들이 유럽 북부와 서부 동아시아와 남아메리카에 복음을 전했다. 성직자, 교황, 성인, 신학자, 그리고 유명한 저작들이 수도원에서 배출되었다. 아울러 마르틴 루터와 로욜라의 이그나티우스(Ignatius of Loyola)의 종교개혁에 영향을 미쳤다.[5]

수도원주의 운동은 말씀의 본질로 돌아가는 운동이며, 동시에 예수님이 가르쳐 주신 대로 하나님 나라를 구하는 주기도문의 정신을 철저히 계승하는 기도운동이었다. 중세 시대처럼 캄캄한 어둠이 덮고 있다 해도 주님이 가르쳐 주신 대로 하나님 나라를 마음에 품고 온 삶을 던지며 전심으로 기도하면 하나님 나라가 임한다는 것을 알 수 있다. 오늘날도 마찬가지다. 시대가 저물고 타락했다 할지라도 우리가 마음을 모아 말씀과 기도에 집중하면 그때부터 하나님 나라가 임하고 부흥의 역사가 나타나기 시작한다.

2. 복음의 능력을 잃었다면 기도하라 _ 교회의 타락에 맞선 기도

면죄부와 기도 타락

로마 가톨릭교회의 타락을 가장 노골적으로 보여 주는 것이 면죄부 판매다. 죽은 자의 이름으로 면죄부를 사서 교황과 사제의 기도를 받게 되면 비록 그가 연옥에 있다 할지라도 죄를 사함 받는다고 주장했다. 면죄부 판매 기금은 주로 예배당, 병원, 교량 건설 등에 사용되었고, 그중 33-50%는 로마로 갔다. 또 그중 일부는 교황에게로 갔다. 이는 교황들이 기도를 얼마나 사유화했는지를 보여 준다. 그야말로 하나님 나라의 도구인 소중한 기도를 자신들의 전유물로 만들어 이를 이용해 막대한 부를 축적했던 것이다.

그러던 중 결정적인 사건이 일어났는데, 로마의 성베드로성당 건축 기금을 마련하기 위한 면죄부 판매 사건이었다. 이 일이 마르틴 루터의 저항을 불러일으켰고, 교황제의 권세가 뿌리째 흔들리는 결과를 초래했다. 결국 루터가 비텐베르크성당 문에 95개조 반박문을 내건 사건과 더불어 중세 시대는 막을 내렸다.[6]

한 시대의 타락은 진리에 대해 어두워지는 현상과 더불어 기도가 변질될 때 극에 달한다. 그런 면에서 루터가 성경을 번역하고 복음으로 종교개혁을 이룬 배후에는 기도의 타락에 대한 경종이 있었음을 알게 된다. 루터가 95개조 반박문을 붙인 것은 로마 가톨릭교회의 기도에 대한 잘못된 관점을 개혁하려고 시도한 것이었고, 종교개혁의 발단은 교회의 기도 방식에 대한 개혁에서부터 비롯되었던 것이다.

종교개혁과 주기도문

실제로 루터는 95개조 반박문을 붙이기 1년 전인 1516년에 주기도문에 대해서 설교했고, 1517년 사순절 기간에 주기도문에 대해서 또다시 설교했으며, 1518년 12월에 다시 한 번 주기도문에 대해 설교했고, 1519년 평신도를 위한 주기도문 강해를 발표했다. 그리고 1520년에는 "십계명으로 기도하는 방법, 사도신경으로 기도하는 방법, 주기도문으로 기도하는 방법"이라는 제목의 논문을 발표했다. 루터의 일련의 행동은 바로 주기도문이 종교개혁의 핵심 요소였음을 보여 준다.[7]

또한 루터는 개인의 삶에 있어서도 주기도문을 한 가정의 가장인 아버지가 가족에게 매일 아침과 저녁 식탁에서 가르치기 쉬운 실제적인 기도의 형태를 가진 기도문으로 보았다. 루터는 "성도는 마땅히 매일 이 주기도문과 함께 침대에 들어가서 잠들고, 아침에 일어날 때 주기도문을 침대에서 암송하면서 일어나야 한다"고 말했다. 또한 "주기도문은 세상에서 가장 큰 순교자다. 모든 사람이 성가시게 하며 잘못 활용하기 때문이다"라고 하며 탄식했다. 루터는 주기도문을 실천적이고 목회적인 입장에서 이해했고, 실제적인 경건 생활의 중심으로 삼았다.[8]

브라이언 G. 나자푸르(Brian G. Najapfour)는 루터에 대한 디에나카(Deanna Carr)의 말을 다음과 같이 인용했다. "프리드리히 헤일러는 루터가 기도의 사람이었기에 위대한 종교개혁가가 되었고 기독교 역사의 새 장을 열었다고 말했다."[9] 루터의 친구였던 파이트 디트리히(Veit Dietrich)는 루터가 적어도 3시간 이상 기도하지 않는 날이 없었다고 말했다. 그리고 그 한마디, 한마디는 신실하고 경건했으며 때로는 아버지와, 때로는 친구와 대화하듯 간구했다고 말했다.[10] 중세를 마감 짓고 교회를 개혁하는 종교개혁 운동의 배후에는 바로 주기도에 기초한 진실하고 강력한 루터의 기도가 있었던 것이다.

존 칼빈도 그의 역작인 《기독교 강요》에서 기도에 대한 가르침에 많은 지면을 할애했다. 그는 루터와 마찬가지로 중세 교회의 잘못된 기도를 지적했다. 기도는 사제의 중보가 아닌 오직 부활하신 그리스도의 중보로만 가능하다고 말하면서 중세 성자들의 중보기도에 대한 잘못된 교리를 비판했다.[11] 또한 그는 경건한 행위로 하나님을 기쁘시게 해 드릴 수 있다거나 주님은 경건한 행위 자체를 좋아하시기 때문에 기도를 들어주신다는 식의 발상을 단호히 배격했다.[12]

칼빈도 《기독교 강요》에서 주님이 가르쳐 주신 기도를 한 줄, 한 줄 연구하고 분석함으로써 주기도에 대해 가르치는 데 많은 부분을 할애했다.[13] 그는 주기도처럼 완전한 기도는 없으며, 주기도가 기도의 표준이라고 말했다. 따라서 문자적으로는 다를지라도 기도하는 중심만큼은 주기도와 같아야 한다고 했다.[14] 루터와 마찬가지로 칼빈도 종교개혁의 많은 부분이 중세의 타락한 기도의 개혁에 있다고 보았고, 그 바탕에 주기도문이 있었음을 알 수 있다.

이러한 종교개혁의 전통을 따른 웨스트민스터회의가 작성한 공중예배모범 속에서 주기도문을 강조한 흔적을 찾아볼 수 있다. "복음과 그리스도의 나라가 온 열방에 전파되고, 유대인의 회심과 이방인의 충만한 수와 적그리스도의 파멸과 주님이 속히 오시기를 위하여 기도하라. 또한 적그리스도 분파의 폭정과 투르크의 잔혹한 압제와 신성모독에서 해외 교회를 건져 주시기를 구하며 하나님의 복이 모든 개혁교회, 특히 잉글랜드, 스코틀랜드, 아일랜드 교회와 나라에 임하기를 기도하라. 그리고 세계 각처의 식민지를 위하여 기도하라."[15]

3. 경건의 삶을 회복하려면 기도하라 _살아 있는 신앙을 위한 기도

종교개혁 이후 1세기 반이 지나면서 교회는 종교개혁의 의도와 달리 점점 신조와 독단적 교리에만 집착해 영적인 감정과 고결한 실제 삶을 소홀히 하며 다시 교권주의적인 모습을 보이기 시작했다. 역사를 통해 알 수 있듯이, 교회는 끊임없이 개혁되지 않으면 항상 율법화되고, 수도원처럼 세상과 높은 담을 쌓으면서 게토화되고, 점점 제도화 및 전통화되어 딱딱하게 굳어진다.

　이러한 때에 종교적인 열정과 내면적인 생활을 중시하고 진정한 회개와 경건한 삶의 실천을 강조하는 경건주의 운동이 일어났다. 경건주의 운동의 주창자는 필립 스페너(Philip Spener)이고 그와 함께 프랑케(August Francke), 진젠도르프(Nikolaus Zinzendorf) 등이 주목받는

지도자들이었다.[16] 이 운동은 17세기에만 국한되지 않고 유럽의 교회, 그리고 당시 신대륙이라 불린 북미와 19세기에 일어난 부흥 운동에까지 영향력을 미쳤다.

경건주의 운동의 기도

경건주의 운동의 중요한 특징은 바로 기도다. 경건주의자들은 성경 공부, 집회, 기도 모임, 교회 밖 기도 모임 등을 활성화해 성도들로 하여금 하나님과의 인격적인 교제를 실제적으로 지속할 수 있도록 운동을 벌여 나갔다. 특별히 기도 시간은 경건주의적인 삶의 중심이 되었다. 그들은 아무리 삶이 깨끗하고, 윤리적이고 도덕적인 모습을 보인다 할지라도 기도 모임의 회원들에게서 '형제'라는 호칭을 받아야만 경건주의자로 인정되었다.[17] 그만큼 교회 밖 기도 모임에 참석하는 회원들 간에 끈끈한 유대 관계가 형성되어 있었음을 알 수 있다.

이러한 열정은 선교로 이어졌다. 경건주의 선교는 개인의 회심을 목표로 하는 복음 전도와 개인의 영혼 구원에 강조점을 두었다.[18] 그들의 기도가 하나님 나라를 이 땅에 가져오는 강력한 근원이 되었다는 사실을 알 수 있다.

모라비안 형제단의 기도 사역

경건주의의 영향을 깊이 받은 단체 중 하나는 모라비안 형제단이다. 모라비안 형제단의 지도자인 진젠도르프는 청소년 시기부터 세계 선교의 중요성을 깊이 인식했고 가슴에 세계를 품고 선교사로 헌신하기로 결단했다.[19] 또한 학교에서 5명의 동료들과 함께 '겨자씨 모임'을 만들어 합심기도를 하며 신앙 문제로 고민하는 친구들을 영적으로 돕고, 해외 선교에 대해 함께 마음을 나누며 간절히 기도했다. '겨자씨 모임'은 그가 학교를 졸업할 즈음 7개로 늘어났다.[20]

진젠도르프는 사도행전에 나오는 초대교회와 같은 이상적인 공동체의 모습을 꿈꾸었고, 그러한 모습은 개인의 경건한 삶에서 시작된다고 믿었기 때문에 개인의 경건, 성경 공부, 기도에 있어서 철저함을 강조했다.[21] 그러던 어느 날 로마 가톨릭교회와 보헤미아 국가교회의 박해를 피해 자신의 영지로 피난 온 1,485명의 모라비안들을 중심으로 모라비안 공동체를 설립했다.[22] 그는 이 공동체에서 자신이 꿈꾸었던 이상을 이루기 원했고 사도행전적 공동체를 바라며 말씀을 나누고 기도하는 일에 전념했다. 결국 그의 이상이 모라비안 형제단에서 구현되었다고 할 수 있다.

여기서 주목하고 싶은 것은 바로 진젠도르프가 주도한 모라비안 형제단의 기도 사역이다. 그들의 공헌은 중보기도를 통해서 이루어졌다. 남자 24명, 여자 24명이 하루 24시간 동안 일주일 내내 쉬지 않고 릴레이로 기도를 이어 갔으며, 이후 100년 동안 지속되었다.

그들의 쉼 없는 기도는 1727년 헤른후트에 강한 성령의 임재를 가져다주었다. 또한 당시의 영적 부흥이 선교에 헌신하는 마음을 불러일으켜 모라비아 선교 운동으로 발전했다. 그리고 더 나아가 현대 선교의 초석을 마련해 주었다.[23] 그들은 1732년, 2명의 선교사들을 서인도제도에 파송했는데, 그들은 개신교 최초의 선교사들로 기록에 남았다. 이후 독일 남부와 스위스, 발트해 연안, 러시아, 북미 등 전 세계로 선교 지경을 넓혀 나갔고, 18세기에 이르러 226명의 선교 사를 해외에 파송했다. 그들은 선교지로 파송을 받으면서 자신들의 관을 제작해서 나갔는데, 이는 어떠한 일이 있어도 선교지에서 삶을 바치겠다는 결의였다.

당시 유명한 선교 단체인 덴마크-할레(Danish-Halle) 선교부의 선교사들 대부분이 성직자였던 데 반해 모라비안 형제단이 파송한 선교사들은 모두 평신도 선교사들이었다.[24] 그들은 농업, 공업 등의 기술을 가지고 자비량으로 선교했고, 아무도 들어가지 않으려고 하는 오지와 같은 곳에 찾아가 복음을 한 번도 들어 보지 못한 사람들을 대상으로 복음을 증거했다. 그들은 이렇게 고백했다. "우리는 아직 복음이 들어가 있지 않은 곳의 원주민과 이방인들의 개종과 구원을 위하여 일종의 계약을 체결했다. 즉 그 어떤 헌신된 사람이라 하더라도 선교하기 위해 가기를 기꺼이 자원하지 않는 그러한 이방인들의 개종을 위해 우리는 스스로 자원할 것이다."[25]

모라비안 형제단은 십자가 신학을 관념화, 추상화시키는 것이 아니라 실제적 삶 속에서 그대로 실천한 사람들이었다. 그들은 이후 약 150년 동안 2,158명이나 되는 선교사들을 해외로 파송했다.[26] 덴마크-할레 선교부가 파송한 선교사들의 총수가 60명에 불과했다는 점과 비교할 때 실로 엄청난 일이라고 평가할 수 있다.[27]

모라비안 기도운동과 존 웨슬리

모라비안 형제단의 강력한 기도로 일어난 부흥 운동은 영국의 존 웨슬리(John Wesley)에게 큰 영향을 미쳤고, 영국과 북미를 휩쓴 18세기 대부흥의 서막이 되었다. 특별히 존 웨슬리는 감리교의 창시자로서, 그의 신학적인 기초는 경건주의와 모라비안 형제단의 영향을 가장 많이 받았다고 볼 수 있다.

웨슬리와 경건주의자들의 만남은 한 여객선에서 이루어졌다. 1735년 10월 14일, 미국 조지아주의 선교사로 가기 위해 출항한 사이먼(Simmonds)호 위에서 웨슬리는 모라비안 교도 26명을 만나게 되었다. 당시 이 배는 항해 여정 중에 3번의 폭풍우와 1번의 태풍을 만났는데, 12시간 동안 배를 집어삼킬 듯이 휘몰아쳤다. 그때 독일 모라비안 교도들은 배 한쪽에서 저녁 예배를 드리고 있었다. 그들은 몸을 가누지 못해 이리저리 넘어지고 세찬 바람이 부는 가운데서도 찬송을 불렀으며, 그들의 얼굴에는 두려운 기색이 전혀 없었고, 오히려 평화와 기쁨이 가득했다. 같은 시각 죽음의 공포에 비명을 지르며 떨고 있었던 영국 성공회 교인들의 모습과는 너무나 대조되었다. 웨슬리는 이러한 현상을 유심히 쳐다보았다.

57일간의 항해가 끝난 후 웨슬리는 올레소프(Orglethorpe) 장군의 소개로 진젠도르프의 수제자이자 동역자인 슈팡겐베르그(August Gottlieb Spangenberg)를 만났고 그와의 교제를 통해 신앙적인 부분에서 큰 충격과 깨달음을 얻었다.[28] 웨슬리는 1738년 7월 6일, 어머니께 보낸 편지에 진젠도르프와의 만남을 이야기하며 이렇게 썼다.

"그[진젠도르프]는 마치 예수와 같았고 모라비안의 신앙 상태도 제가 생각한 것보다 훨씬 뛰어나 젊거나 늙었거나 그들의 믿음과 사랑은 어느 때나 어느 장소에서도 풍겨 나오고 있습니다."

영국으로 돌아간 웨슬리는 올더스게이트에서 열린 모라비안 기도회에 참석했다가 마르틴 루터의 《로마서 주석》 서문을 읽었고, 이때 홀연히 회심해 거듭나는 경험을 했다. 웨슬리는 추후 모라비안 교도들과의 교제를 계속하면서 그들로부터 믿음으로 얻는 구원의 교리, 마음의 신앙, 순회 설교 방식, 속회, 애찬회, 그리고 즉흥 설교와 즉흥 기도, 마음의 찬송 부르기 등을 배웠고, 이를 토대로 감리교 (Methodist) 부흥 운동을 일으켰다.[29]

경건주의와 모라비안은 존 웨슬리를 중심으로 일어난 감리교 부흥 운동과 대서양을 건너 미국의 대부흥 운동에 직접적인 영향을 미쳤고, 미국의 대부흥 운동은 우리나라의 평양 대부흥 운동에 영향을 미쳤다. 이처럼 독일을 중심으로 일어난 경건주의 운동과 모라비안 운동이 몰고 온 영적 파급력은 실로 대단했다. 특별히 지속적이고 끈질긴 기도로 인한 성령의 임재와 공동체의 각성과 부흥, 그리고 강력한 선교 운동으로 이어진 결과들은 주님이 가르쳐 주신 기도의 사상과 목적이 기대하는 바를 동일하게 드러내고 있음을 알 수 있다. 모라비안 형제단은 우리가 주기도의 정신을 따라 기도 사역에 헌신할 때 어떤 일이 일어날 수 있는지를 모범적으로 보여 준 공동체다.

4. 영안이 닫혀 있다면 기도하라 _ 영적 각성을 위한 기도

조나단 에드워즈의 기도(제1차 대각성 운동)

미국의 대각성 운동에 영향을 미친 사람은 조나단 에드워즈다. 그는 제1차 대각성 운동의 진원지 중 하나였던 노샘프턴에서 사역하는 중에 부흥을 경험했다. 이 부흥은 미국 전역으로 퍼져 나갔다. 그러다가 1740년 조지 휘트필드(George Whitefield)에 의해서 다시 부흥의 불길이 일어났고, 에드워즈는 휘트필드와 함께 대각성 운동에 참여했다.[30]

에드워즈는 1737년 노샘프턴에서 일어난 부흥에 대해서 《노샘프턴과 인근 지역들에 있는 수많은 영혼의 회심에서 나타난 하나님의 놀라운 역사에 대한 신실한 보고서》라는 책을 출간했다. 이후 스코틀랜드에서 부흥을 경험한 목회자들이 이 책을 읽고 에드워즈와 서신을 교환하면서 함께 기도합주회를 결성했다.

1748년에 에드워즈가 쓴 논문의 제목은 그가 기도합주회를 결성하게 된 이유를 잘 보여 준다. 논문의 제목은 "이 땅에서의 신앙 부흥과 그리스도의 나라 확장을 위해서 특이하게 기도하는 일에 하나님의 백성이 서로 분명한 일치를 이루고 눈에 보이는 연합을 이루도록 촉진해 주기 위한 겸비한 시도"[31]이다.

에드워즈는 기도합주회라는 방법이 주는 큰 유익이 그리스도의 나라가 임하기 위해서 지속적으로 깨어 기도하게 해 주는 촉진제가 되는 것이라고 말했다. 예수님은 제자들에게 그리스도의 나라에 대한 관심이 마음속에서 사라지거나 지워지지 않기를 원하셨는데,

우리가 기도 시간을 규칙적으로 정하면 주의 나라를 위해 기도하기 위해서 마음과 뜻을 새롭게 하게 된다는 것이다.[32] 그래서 에드워즈는 기도합주회의 주목적이 주기도의 기도 제목을 가지고 기도하는 일이라고 직접적으로 말했다. "이 기도합주회의 주된 목적은 우리 그리스도인들에게 영구적인 순종을 요구하는 '우리 주의 나라가 임하옵시며'라는 제목을 가지고 기도해야 할 의무에 좀 더 충실하자는 것이었다."[33] 에드워즈는 대각성은 주기도의 핵심 내용인 '주의 나라를 구하는 기도'를 오랜 시간 끈기 있게 연합해서 드릴 때 하나님이 이 땅에 부어 주시는 은총이라고 이해했던 것이다.

그는 주기도문에 근거해서 미국 대각성 운동을 신학적으로 건강하게 정리하고 방향을 바로잡아 주었다. 이에 따라 제2차, 제3차 대각성 운동을 통해 건초더미 기도운동, 헐몬산 수련회 등이 세계를 향한 선교 운동으로 이어진 것을 볼 때 그들의 기도운동이 하나님 나라를 전파하는 주기도의 목적을 드러내는 정신을 이어받았음을 알 수 있다.

건초더미 기도운동과 찰스 피니의 부흥 운동(제2차 대각성 운동)

기도와 대각성의 관계는 제2차 대각성 운동에서도 나타났다. 제2차 대각성 운동은 1787년 버지니아의 햄프턴시드니대학에서 4명의 대학생들이 학교의 영적 상태에 대해 깊은 관심을 가지고 모여서 기도한 데서 비롯했다. 이렇게 시작된 기도회는 학생 절반이 참여하는 기도회로 퍼져 나가 학장의 거실에서 열리게 되었고, 곧 버지니아

전 지역으로 확산되었다.[34]

1) 새뮤얼 밀즈

이 시기에 주목할 사건은 1806년 윌리엄스대학에서 미국 교회로 하여금 세계 선교에 동참하는 계기를 만들어 준 유명한 건초더미 기도 운동이다. 이 운동은 새뮤얼 밀즈(Samuel J. Mills Jr.)에 의해 시작되었다. 그는 당시 일어난 제2차 대각성 운동의 영향으로 17세에 회심했고, 그 시절부터 이방인에게 복음을 전하겠다고 결심했다.[35] 1806년 윌리엄스대학에 입학한 밀즈는 지적으로나 외모로 보나 매력이 없었고, 융통성도 없고, 침울한 목소리를 가졌다고 한다. 하지만 그는 늘 다른 사람들을 영적으로 도우려는 마음을 가졌다.[36] 그는 캠퍼스의 영적인 부흥과 선교를 위해서 친구 4명과 함께 수요일과 토요일 오후에 강이나 언덕이나 산골짜기에서 기도하면서 시간을 보내곤 했다.

그러던 1806년 8월 어느 날이었다. 기도를 마치고 돌아오는 길에 소나기를 만나 건초더미 아래로 피했다. 그곳에서 비가 멈출 때까지 기도를 계속하기로 했고, 특별히 학생들 사이에서 해외 선교에 대한 자각이 일어나기를 기도했다. 밀즈는 만일 우리가 하고자 하면 할 수 있다고 친구들을 격려했는데, 이 말은 이후 그들의 표어가 되었다.[37] 이 사건이 중요한 이유는 이때 함께 기도했던 학생들이 해외 선교에 헌신함으로써 미국 최초의 학생 선교회가 탄생했기 때문이다. 건초더미 아래에서 드렸던 기도회가 미국 학생자원선교운동의 기원이 되고 미국 선교 운동의 원형이 된 것이다.[38]

2) 찰스 피니의 기도 동역자: 아벨 클레리, 다니엘 내쉬

아울러 제2차 대각성 운동에 중심적인 영향을 미친 목회자는 찰스 피니(Charles Finney)다. 피니에 대해서는 인간의 결단과 의지적 행동을 강조하고 인위적인 부흥 운동을 펼쳤다는 평가도 있지만, 부흥 운동에 있어서 그의 영향력을 부정하기는 어렵다. 그는 1824년부터 1832년까지 순회 설교자로 뉴욕, 필라델피아, 보스턴 등의 부흥 운동을 주도했다. 1833년에는 뉴욕주 로체스터에서 도시 전인구의 10%인 1,000명을 단 몇 달 만에 구원으로 인도했다. 피니가 집회와 저서 등을 통해서 하나님의 왕국으로 데리고 온 숫자가 100만 명은 될 것으로 추정하고 있다.[39]

피니는 특별히 부흥이 일어나는 데 없어서는 안 될 요인으로 기도를 매우 강조했다. 그는 사람들에게 성령이 즉각 부어지실 것을 기대하며 기도하라고 당부했다. 피니의 영향으로 온 도시가 기도로 가득 찼다. 가는 곳마다 기도 소리를 들을 수 있었다. 회심하지 않는 죄인과 복음에 반대하는 사람이 있는 곳마다 두세 명의 그리스도인들이 그를 위해 집중적으로 기도했다.[40]

피니의 배후에는 그를 위한 중보기도자가 여러 명 있었는데, 대표적인 사람이 아벨 클레리(Abel Clary)와 다니엘 내쉬(Daniel Nash)다. 클레리는 피니의 집회에서 회심했다. 그에게 하나님은 중보기도의 부담을 주셨고, 그는 집회에 참석하지 않고 집회를 위한 기도에 전념했다.[41] 피니는 이렇게 말했다. "클레리 씨는 내가 기도를 마치고 자리에서 일어나야 비로소 일어날 정도로 날 위해 계속해서 기도해 주었다. 그는 결코 대중들 앞에 선 적은 없었지만 기도에 전력한 사람이었다."[42]

피니의 또 다른 기도 후원자는 경건한 장로 다니엘 내쉬였다. 그는 피니가 사역하는 곳을 따라다니며 집중적으로 기도해 주었다. 어떤 때는 클레리와 내쉬가 함께 머물면서 여러 시간 기도해 주었다. 그들은 영국까지 동행해 기도로 동역했다. 내쉬가 사망한 후 피니는 더 이상 순회전도 사역을 하지 않고 교구 목사로서 일생을 마쳤다고 한다. 그만큼 중보기도자의 능력은 절대적이다.[43] 사역은 결코 사역자 본인의 힘만으로는 할 수 없다. 사역자의 모든 복음 사역을 위해 중보기도 해 주는 기도 사역자들의 힘이 절대적으로 필요하다. 왜냐하면 우리의 모든 목회 사역은 마귀와의 영적 전쟁이기 때문이다.

오늘날 아무도 주목하지 않지만 절실히 필요한 사람은 바로 하나님 나라를 마음에 품고 기도하는 일에 전심으로 헌신하는 자다. 그 사람이야말로 한국 교회에 하늘의 생명을 공급해 줄 소중한 사역자다.

직장인들을 위한 정오 기도회와 무디의 부흥 운동(제3차 대각성 운동)

1) 뉴욕의 평신도 선교사 예레미야 랜피어

1850년에 이르자 부흥이 중단된 듯 보였고 대부분의 교회와 교단들이 쇠퇴하고 있었다. 그리고 1857년에 금융 대란과 함께 경제 위기가 찾아왔다. 이때 뉴욕의 평신도 선교사인 예레미야 랜피어

(Jeremiah Lanphier)가 직장인들을 위한 정오 기도회를 시작했는데, 6명으로 시작된 모임이 뉴욕시에서만 수만 명이 매일 모여 기도할 정도로 확산되었다. 이러한 기도 부흥은 미 전역으로 확대되었고, 이어서 제3차 대각성 운동이 일어났다.[44] 이때 일어난 부흥은 영국의 옥스퍼드대학과 케임브리지대학에 큰 영향을 미쳐 기도 연맹이 생겼으며, 19세기 학생자원운동(Student Volunteer Movement, SVM)의 도화선이 되었다.[45]

2) 무디의 헐몬산 수양회

1886년 D. L. 무디(D. L. Moody)가 이끈 헐몬산 수양회에는 미국과 캐나다의 89개 대학에서 251명의 학생들이 참석했다. 이 수양회를 주선한 루터 위셔드(Luther D. Wishard)는 수양회 틈틈이 해외 선교를 독려했고, 학생들은 매일 밤마다 모여서 해외 선교를 위해 기도했다. 결국 헐몬산 수양회 기간 동안 100명이 해외 선교를 위한 프린스턴 헌장에 서명해 대학을 마치고 외국 선교사로 봉사하기로 헌신했다.[46]

이 모임을 통해 수많은 선교사가 배출됨으로써 미국을 선교의 나라로 만들어 낸 학생선교자원운동이 결성되었다. 학생자원운동은 건초더미 기도회, YMCA, 헐몬산 수양회로 만들어진 프린스턴 해외선교부, 영국의 케임브리지 7인의 영향을 받은 미국의 대학생들이 1888년에 결성한 것으로서, 미국 해외 선교의 본격적인 개막을 가져왔다.[47]

이처럼 기도를 통해 부흥이 일어났고, 아울러 선교의 열망이 일어나 많은 사람이 온 세상으로 복음을 증거하러 나감으로써 하나님 나라의 도래를 가져오는 결과로 이어졌다. 이것이 바로 우리 주님이 가르쳐 주신 기도 사역이요, 기도운동이다.

3) 마리안느 아드라르드

이 부흥의 시기를 이끈 중심 지도자는 무디였다. 무디는 1857-1858년에 일어난 기도 부흥의 영향으로 하나님을 만나고 하나님께 헌신했다. 구두수선공이던 그는 "하나님은 하나님께 전적으로 헌신된 한 사람을 찾으신다"는 헨리 버레이의 말을 듣고 감동을 받아 자신이 그 사람이 되기로 결심하고 구령 사업에 전념하기로 했다. 그는 새벽에 두세 시간 홀로 성경을 공부하며 하나님과 만나는 시간을 가졌다. 그러던 어느 날, 성령의 기름 부으심을 경험하고 부흥 전도자로 쓰임 받기 시작했다.[48] 1873년 6월 영국 집회를 기점으로 대중 부흥운동을 시작해 필라델피아, 뉴욕, 시카고, 보스턴, 로스앤젤레스 등으로 옮겨 다니며 공회당, 극장, 광장 등에서 집회를 열고 부흥을 주도했다.

　무디의 사역의 배후에도 많은 중보기도자가 있었다. 무디가 영국에서 단 10일 동안 400명을 회심시킨 집회 기간에 그가 영국에 오기를 기도했던 마리안느 아드라르드(Marianne Adlard)라는 여인은 장애로 인해 침대에 누워 살았음에도 집회 내내 중보기도에 전념했다.[49]

5. 기도는 부흥의 동력이다

1907년 평양 대부흥 운동의 절정은 1월 14일부터 진행된 장대현교회의 집회에서 일어났다. 장대현교회에 들어섰을 때 이미 사람들은 하나님의 신비한 임재를 압도당하듯 느꼈다. 약 2,000명이 운집한 1월 14일 저녁, 방위량 선교사(W. N. Blair)는 교회가 하나 되지 못하면 그것은 몸에 병이 난 것과 같고, 교인 한 사람의 마음에 남을 미워하는 마음이 있으면 그것이 온 교회에 상처를 입힐 뿐 아니라 교회의 머리이신 그리스도에게 상처를 입히는 것이라고 설교했는데, 온 교우가 감동과 찔림을 받고 죄를 회개했다.[50]

다음 날 주 강사였던 이길함 선교사(Graham Lee)가 설교 후 통성으로 기도하자고 할 때 죄를 회개하는 기도 소리가 하늘을 찌르는 듯했다. 한 사람씩 일어나서 자신의 죄를 고백하고 주먹으로 바닥을 치고 고꾸라져 울었다. 전날 사람들이 회개할 때 가만히 있던 김 장로는 앞으로 나가서 자신이 전날 죄를 고백한 강 조사를 미워했고 방위량 선교사도 미워했노라고 고백하며 용서를 빌며 심장이 터지듯 울부짖었다.[51] 온 교인이 하나님의 능력에 사로잡혀 눈물을 흘리고 회개하면서 기도하기를 새벽 2시까지 계속했다.

다음 날에는 길선주 목사가 설교했고, 설교 후 집에 돌아가지 않고 남아서 기도하는 자들이 600명이었으며, 이들은 자신의 죄를 통회하며 하나님께 용서를 빌었다.[52] 집회는 그날 밤으로 끝났지만 그 여파는 한반도 전역으로 퍼져 나갔다. 성령 충만을 경험한 그들은 전국으로 흩어져 자기 집과 교회로 돌아갔다. 그들은 부흥의 불을 가지고 갔고, 그들로 인해서 전국의 거의 모든 장로교 교회에 부흥의 불이 붙기 시작했다. 학교에서도 어린이들이 기도하고 회개했다. 평양시 전체에서 사람들이 집집마다 다니며 용서를 구하고 훔친 돈과 재산을 돌려주었다.[53]

아울러 한국 교회의 폭발적 성장을 불러왔다. 부흥회에서 성령과 은혜를 충만히 받은 성도들은 방방곡곡 복음을 전했다. 1905년에 비해 1907년에 276.84% 성장했다.[54] 방위량 선교사는 이 사건을 가리켜 '한국의 오순절'이라고 표현했다.[55]

하디의 원산 기도회

평양 대부흥 운동의 시작은 원산에서 사역하던 캐나다 출신 의료 선교사 하디(R. A. Hardie)의 회개와 그가 인도한 기도회로 말미암았다. 당시 중국에서 선교하다 한국을 방문한 M. C. 화이트(M. C. White)를 강사로 성경 공부와 기도회를 개최했는데 이때 기도회를 인도하던 하디가 성령의 강력한 역사를 체험했다. 그 후 스칸디나비아선교회 책임자인 프란손(F. Franson)을 강사로 한 주간 집회를 가졌는데, 그 집회에서 하디는 자신이 한국 사람들을 멸시하고 사랑으로 대하지 못한 것을 회개했다. 그는 성령 충만을 경험했다. 그러자 복음에 냉담하던 청중이 달라졌고, 회개하며 복음을 받아들이기 시작했다.[56]

한 선교사의 회개로 출발한 부흥 운동은 원산에 살고 있는 한국인들의 마음을 움직였고, 그들도 성령 체험을 사모하게 되었다. 하디는 계속해서 원산에서 대각성 집회를 인도했고, 놀라운 부흥이 일어났다. 이 소식을 들은 평양 선교사들이 1906년 하디를 사경회 강사로 초청하고 8일간 성경 공부와 기도회를 가졌다. 이것이 평양 대부흥의 전조가 되었던 것이다.[57]

선교사들의 정오 기도회

하디 선교사로 인해 부흥의 열풍이 확산되던 1906년 늦은 여름부터 수개월 동안 사람들이 모여 더 큰 은혜와 부흥을 사모하며 간절히 기도했다. 또한 뉴욕에서 한국을 시찰하러 온 하워드 존슨(Howard Agnew Johnson) 목사를 통해 웨일즈에 일어난 부흥 운동에 관한 보고를 들은 선교사들의 마음속에는 하나님이 조선 땅에도 부흥을 주시기를 원하는 열망이 가득해졌다.[58]

사무엘 마펫(Samuel A. Moffett) 선교사는 "1906년 가을, 기도의 영이 선교사들에게 임한 것이다. 그것은 다가오는 겨울 사경회에 더 깊고 풍요로운 축복을 내려 달라는 간절한 부르짖음이었다"라고 말했다. 비록 기도가 즉시 응답되지는 않았지만, 선교사들은 이에 실망하지 않고 오순절 성령의 역사가 이곳 조선 땅에도 임하게 해 달라고 계속해서 기도했다.[59]

특히 평양 지역 선교사들은 교파를 초월해 앞으로 있을 각종 사경회를 위해 간절히 기도했다. 그해 선교사들은 사경회를 위해 크리스마스 시즌에 가졌던 친목 모임을 중단하고 정오에 연합 기도회를 열었다.[60] 이렇게 시작된 정오 기도회는 1월 2일부터 시작해 2주간의 평안남도남자도사경회 기간에도 하루도 빠지지 않고 계속되었다. 이 기도 모임의 특이점은 기도회 인도자가 없었다는 점이다. 그저 한 사람, 한 사람 기도 모임 장소에 조용히 들어와 무릎을 꿇고 하나님이 자신들의 기도에 응답해 주실 것을 믿으며 간절히 기도했을 뿐이다.[61] 박용규 교수는 선교사들의 정오 기도회를 두고 다음과 같이 시대적 평가를 내렸다. "이 기도회는 원산에서 발흥했던 부흥 운동을 평양 대부흥 운동으로 저변 확대시키는 결정적인 전기를 마련해 주었다." 근·현대 교회 역사상 유례없는 대부흥 운동이 일어난 배후에는 이와 같은 선교사들의 지속적인 기도회가 있었음을 간과하지 말아야 한다.

길선주의 새벽 기도회

1906년 평양중앙교회의 길선주 목사는 평양의 신도들에게 냉기가 감돈다는 느낌을 받은 후 박치록 장로와 매일 새벽에 기도를 시작했다. 그들은 아무에게도 알리지 않고 새벽 4시에 기도하기를 2달간 계속했는데, 이 사실이 여러 사람들에게 알려져서 기도회에 참여하는 사람들의 수가 불어났다. 결국 새벽 4시 반에 종을 치기 시작했고, 첫날 종이 울렸을 때 400-500명, 2-3일 후에는 600-700명의 교인들이 모여들었다.[62]

길선주 목사는 새벽마다 요한계시록을 설교하며 부흥을 사모했다. 이러한 새벽 기도회 중에 이미 성도들이 통회하기 시작했고, 은혜를 사모하는 열망이 가득해졌다. 길선주 목사로 말미암아 시작된 새벽 기도회는 한국 교회 고유의 기도 형태로 정착되었다.

평양 대부흥은 17세기 말엽 독일에서 경건주의 운동이 일어나면서부터 20세기 초에 이르기까지 영국 웨슬리의 부흥 운동, 미국 조나단 에드워즈의 부흥 운동, 그리고 제2, 3차 대각성 운동에 걸쳐 일어난 부흥 운동과 맥을 같이하는 부흥 운동이다.[63] 그리고 다른 부흥 운동과 마찬가지로 그 배후에 간절하고 지속적인 기도 사역이 있었음을 알 수 있다. 그들은 주님이 가르쳐 주신 대로 성령을 구했고, 그들이 성령의 능력으로 가르치고, 치유하고, 전파함으로써 하나님 나라가 확장되어 갔다.

평양 대부흥 운동을 계기로 한국 교회는 교세가 급성장하기 시작했고, 더 나아가 성령의 부흥은 '백만구령운동'이라는 전도 운동으로 연결되었다.[64] 또한 길선주, 김익두, 이용도 목사를 중심으로 평양 대부흥 운동의 정신을 잇는 부흥 운동이 이어졌고, 고난과 핍박, 그리고 가난의 시대 속에서도 신앙의 불길이 타올라 한국 교회는 단기간에 세계사에 유례가 없는 부흥과 성장을 이룩하고 기독교 인구 천만 시대에 이르렀다.

하지만 안타깝게도 1990년대에 이르면서 한국 교회는 쇠퇴기에 접어들었다. 그리고 한국 사회에서 점차 그 영향력을 잃어 가고 있다. 앞서 언급했듯이, 한국 교회의 부흥과 성장의 배후에 기도의 부흥이 있었다면, 한국 교회 쇠락의 배후에는 기도의 침체가 있다. 찾는 이가 없어 기도원들이 문을 닫고, 산 기도, 금요 철야가 사라지고, 새벽 기도회의 인원이 줄어들고, 기도의 열정이 식어 가고 있다.

그렇다면 왜 한국 교회의 부흥을 이끌었던 기도의 불꽃이 꺼져 가고 있는 것일까? 주된 원인은 한국 교회에 참된 부흥을 가져다준 주기도의 정신을 잃어버린 까닭이라고 할 수 있다. 중세 타락의 배후에 기도의 타락이 있었듯이, 어느덧 한국 교회의 기도가 기복적이고, 세속적이며, 개인주의적으로 변질되어 갔다는 데서 문제의 원인을 찾을 수 있다. 과거에는 주기도의 정신을 마음에 품었는데 지금은 '나의 나라'에 대한 열망이 가득하고, 하나님 나라의 임재를 위한 기도보다 세속적인 기도 제목이 더 많다 보니 우리의 마음속에 주님의 나라를 향한 열정이 사라진 것이다.

한국기독교목회자협의회의 '2012 한국인 종교생활과 의식 조사'에 따르면, 그리스도인이 신앙생활을 하는 이유는 마음의 평안을 위해서(38.8%), 구원과 영생을 위해(31.6%), 건강, 재물, 성공 등 축복을 받기 위해(18.5%) 순으로 조사되었다. 이를 통해 기도 생활이 매우 기복적이며 개인주의적이라는 사실을 유추할 수 있다.

물론 하나님은 기도를 통해서 신자의 삶의 필요를 채워 주신다. 하지만 기도는 그보다 더 놀라운 하나님 나라를 이 땅에 이루는 도구다. 과거 부흥의 시기에 부르짖어 기도하던 성도들의 가슴은 회개와 하나님 나라의 꿈으로 불타올랐다. 그러나 오늘날 기도하는 한국 성도들의 가슴에는 세상의 꿈과 소원이 불타오르고 있다. 과거 성도들의 마음이 대한민국이 주의 나라가 되고 사람들의 가슴마다 그리스도의 계절이 임하는 꿈으로 가득했다면, 지금은 대한민국의 경제가 회복되고 선진국이 되는 꿈으로 가득 차 있다. 대학 시절 필자의 마음을 흔들었던 김준곤 목사님의 "민족복음화의 꿈"이라는 글이 떠오른다. 이 글을 읽으면 이 세대가 잃어버린 것이 과연 무엇인가를 절절히 느끼게 된다.

어머니처럼 하나밖에 없는 내 조국, 어디를 찔러도 내 몸같이 아픈 조국, 이 민족 마음마다, 가정마다, 교회마다, 사회의 구석구석, 금수강산 자연환경에도 하나님의 나라가 임하게 하시고, 뜻이 하늘에서처럼 이 땅에 이루어지게 하옵소서. 이 땅에 태어나는 어린이마다 어머니의 신앙의 탯줄, 기도의 젖줄, 말씀의 핏줄에서 자라게 하시고, 집집마다 이 집의 주인은 예수님이라고 고백하는 민족, 기업주들은 이 회사의 주인은 예수님이고 나는 관리인이라고 고백하는 민족, 두메마을 우물가의 여인들의 입에서도, 공장의 직공들, 바다의 선원들의 입에서도 찬송이 터져 나오게 하시고, 각급 학교 교실에서 성경이 필수 과목처럼 배워지고, 국회나 각의가 모일 때에도 주의 뜻이 먼저 물어지게 하시고, 국제시장에서 한국제 물건은 한국인의 신앙과 양심이 으레 보증수표처럼 믿어지는 민족, 여호와로 자기 하나님으로 삼고 예수 그리스도를 주로 삼으며, 신구약 성경을 신앙과 행위의 표준으로 삼는 민족, 예수의식과 민족의식이 하나 된 지상 최초의 민족, 그리하여 수십만의 젊은이들이 예수의 꿈을 꾸고 인류 구원의 환상을 보며, 한 손에는 복음을 다른 한 손에는 사랑을 들고, 지구촌 구석구석 누비는 거룩한 민족이 되게 하옵소서!

- 김준곤 목사, "민족복음화의 꿈"

기도를 통해 부흥이 일어났고,
많은 사람이 온 세상으로 복음을 증거하러 나감으로써
하나님 나라의 도래를 가져오는 결과로 이어졌다.

하 나 님 나 라 / βασιλεια του θεου / 기 도 운 동

4

신앙의 생명력이 없다면
기도의 범위를 확장하라

• 성령과 함께 삶에서 드리는 기도 •

이제 어떻게 하나님 나라를 마음에 품고 기도할 것인가에 대해 살펴보겠다. 앞서 존 칼빈이 "주기도문은 문자적으로 암송하기보다는 그 의미와 뜻을 따라서 기도하도록 주어진 것"이라고 한 말을 다시 기억할 필요가 있다. 다시 질문하면 이렇다. 주기도문의 목적을 따라 하나님 나라를 마음에 담고 기도하려면 구체적으로 어떻게 기도해야 하는가?

우리는 우리가 구하는 바를 구체화하고 시각화해 기도해야 한다. 그래야 기도하면서 소망이 가득해지고, 기도 제목이 이 땅에서 구체적으로 이루어지는 모습을 눈으로 보고 확인하며 기도에 대한 확신을 가질 수 있다. 아울러 기도하면서 우리가 추구해야 하는 신앙의 방향과 목적을 바로잡게 된다. 기도만이 아니라 실제적인 삶 자체가 하나님 나라의 운동인 인생을 살게 되는 것이다.

이를 위해서는 예수님이 주의 나라를 위해서 어떻게 사역하셨는지를 살펴보면 된다. 하나님 나라는 예수 그리스도에 의해서 이 땅에 시작되었다. 주님의 공생애 사역은 주님이 바로 이 땅에 하나님 나라를 가져오고 펼쳐 가신 사역이었던 것이다. 그러므로 오늘 우리가 "주의 나라가 임하소서"라고 드리는 기도를 구체적으로 말하면, 바로 '예수 그리스도가 이 땅에 하나님 나라를 가져오기 위해 하신 일들이 오늘도 반복해서 일어나게 해 달라고 기도하는 것'이라고 할 수 있다.

그러면 예수님은 이 땅에 하나님 나라를 가져오기 위해서 어떻게 하셨는가? 크게 3가지를 들 수 있다. 첫째, 예수님은 성령으로 기름 부으심을 받으셨다. 하나님 나라는 성령의 임재와 밀접한 연관이 있다. 주님은 성령의 능력으로 사역하셨고, 성령을 보내셨다. 둘째, 예수님은 성령의 능력으로 가르치셨고, 치유하셨고, 복음을 전파하셨다(마 4:23, 9:35). 예수님은 이 사역들을 통해서 하나님 나라를 가져오셨고, 하나님의 백성이 하나님의 통치 아래 있게 하셨다. 셋째, 예수님은 제자들과 함께 공동체 생활을 하며 그들을 양육하셨다(막 3:14-19). 주님은 십자가와 부활을 통해 그분의 몸 된 교회를 세우셨다.

하나님 나라를 구하는 기도는 바로 이 3가지를 구하는 것과 크게 다르지 않다. 이미 살펴본 것처럼, 예수님의 기도 사역은 이와 깊이 연관되어 있다. 주님은 기도를 통해서 성령 충만을 받으셨고, 동시에 성령의 능력으로 가르치고, 치유하고, 전파하셨다. 즉 주님의 기도는 가르치고, 치유하고, 전파하는 사역의 기초가 된다. 마찬가지로 사도들이 사도행전에서 보여 준 기도운동의 핵심도 3가지와 연관되어 있다. 사도들이 기도할 때 성령이 임하셨고, 동시에 성령의 능력으로 부활의 복음을 전파했고, 가르치고 치유하는 사역을 했다. 아울러 초대교회가 형성되어 서로 유무상통하는 믿음의 공동체, 서로 사랑하는 용서와 사랑의 공동체, 그리고 아나니아와 삽비라가 지은 죄가 드러나는 등 순결한 공동체로서 소망의 공동체를 이루어 갔다. 이 모든 것의 기초가 바로 기도였다. 결국 사도행전에서 볼 수 있는 초대교회 성도들의 기도는 철저히 하나님 나라를 위한 기도요, 그 기도 속에서 주님이 하신 일들을 사도들이 행했던 것이다.

교회사에 나타난 부흥의 배후에 있었던 기도 역시 3가지와 밀접한 연관성을 가진다. 그들이 기도할 때 성령이 임하셨고, 성령의 능력으로 가르치고, 치유하고, 복음을 전파하는 사역이 일어났으며, 그 결과 믿음과 소망과 사랑의 공동체, 즉 교회가 세워짐으로써 이 땅에 하나님 나라가 확장되어 갔다.

우리는 이처럼 3가지 측면에서 하나님 나라를 구하는 기도를 드림으로써 주기도문의 정신을 따라 보다 구체적이고 실제적으로 기도할 수 있다. 이제 좀 더 자세히 살펴보도록 하겠다.

1. 내 힘만으로는 불가능하다
_ 성령을 간구하는 기도

성령의 임재는 곧 하나님 나라의 시작이다. 제자들이 간절히 기도하는 중에 오순절 날 성령이 임하셨다. 베드로는 이 사건에 대해서 요엘서의 예언이 이루어졌다고 선포했다(행 2:16-21; 욜 2:28-32). 요엘 선지자의 예언대로 예수님을 믿는 사람들에게 부어지기 시작한 성령 강림 사건이야말로 드디어 이 땅에 하나님 나라가 시작되었음을 알려 주는 표지라고 말한 것이다. 성경은 마지막 때를 추수할 때요, 은혜의 때요, 구원의 날이라고 말한다(사 49:8, 63:4; 고후 6:2).

이처럼 성령의 강림은 하나님 나라의 개막 선언이었다. 구원의 시대가 도래한 것이다. 하나님의 영의 역사를 통해서 이 땅에 하나님 나라가 임한 것이다.[1] 그래서 예수님은 성령의 능력으로 귀신이 떠나갈 때 이미 하나님 나라가 임했다고 말씀하셨다(마 12:28).[2]

성령은 말씀이 실재(reality)가 되게 하신다

그러면 성령은 어떻게 이 땅에 하나님 나라를 시작하시는가? 이 일은 예수 그리스도의 십자가와 부활의 승리에 기초한다. 성령은 예수님이 십자가 대속으로 이루신 승리 안에서 하나님의 모든 약속이 실재가 되게 하시는 분이다. 성령은 성경에 기록된 약속의 구현자이시다. 예수님은 제자들에게 아버지께서 약속하신 것을 기다리라고 말씀하셨다. 그것은 바로 성령이셨다(눅 24:49; 행 1:4). 예수님은 또 다른 보혜사가 오실 것이라고 말씀하셨는데, 그는 바로 아버지께서 약속

4 _ 신앙의 생명력이 없다면 기도의 범위를 확장하라 105

하신 말세에 부어 주실 성령이셨다(요 14:16).

성령은 우리에게 예수님이 그리스도이심을 증거하신다(요 15:26). 성령은 우리를 그리스도의 십자가와 부활로 연합시키신다(롬 6:3-5). 그리고 그리스도를 믿음으로 중생해 하나님의 자녀가 되게 하시며(요 3:5), 우리에게 진리를 가르치신다(요 14:26). 우리가 성령의 조명하심으로 성경을 묵상할 때 성령은 우리로 하여금 깨닫게 하시고, 우리가 말씀과 연합하게 하시며, 말씀이 오늘 우리의 사건이자 체험이 되게 하신다. 그 말씀 안에서 예수님이 우리의 양식이 되게 하신다. 성령은 또한 우리 안에 내주하셔서 하나님 나라를 유업으로 받을 상속자로서 자라 가도록 돕고 지키신다(롬 8:16-17).

성령은 우리가 육신의 소욕을 이기고 말씀을 선택할 능력을 주시어 하나님의 통치 가운데 살아갈 힘을 공급하신다.[3] 창조 시에 성령이 운행하심으로 선포된 말씀이 실제적인 창조를 이룬 것처럼(창 1:2), 성령은 오늘 그리스도 안에서 하나님의 모든 약속의 말씀이 실재가 되게 하시어 지금 여기서 하나님 나라를 경험하게 하신다.[4] 성령은 하나님의 생명이 우리 안에 차고 넘치게 하시어 우리로 하여금 하나님의 통치에 기쁨으로 순종하게 하신다.

이것이 바로 하나님 나라의 현재적인 임재다.[5] 이처럼 예수 그리스도의 십자가 승리로 말미암아 이루어진 하나님 나라는 성령에 의해서 오늘 우리에게 실현되고 체험된다.

예수님은 친히 성령의 기름 부음을 받으셨다

그래서 예수님도 공생애를 시작하실 때 성령으로 세례를 받으셨다. 하늘에서 성령이 비둘기같이 주님께 임하셨다(마 3:16; 막 1:10; 눅 3:22). 사도행전의 저자인 누가는 이 순간에 하나님이 예수님께 성령과 능력을 기름 붓듯 하셨다고 기록함으로써(행 10:38) 예수님이 성령으로 세례받으신 순간이 메시아 임직식이었음을 밝혔다. '그리스도'는 '기름 부음 받은 자'라는 의미로, 성령의 능력으로 기름 부음 받는 것이 곧 메시아의 자격이었던 것이다.

예수님은 성령의 기름 부음을 받으심으로써 하나님 나라를 이 땅에 가져오는 구원 사역을 시작하셨다. 예수님이 성령의 권능으로 갈릴리로 돌아가셨을 때 예수님에 대한 소문이 사방에 퍼졌다(눅 4:14). 예수님은 가난한 자에게 복음을 전하게 하시려고 주의 성령이 자신에게 임하셨다고 말씀하셨다(눅 4:18). 예수님은 성령의 능력으로 사역하기 시작하셨고, 복음은 증거되었고, 귀신은 쫓겨 갔다. 예수님은 "내가 하나님의 성령을 힘입어 귀신을 쫓아내는 것이면 하나님의 나라가 이미 너희에게 임하였느니라"(마 12:28)라고 말씀하셨다.

주기도의 결론은 성령을 구하는 것이다(눅 11:13)

우리가 하나님 나라를 위해서 기도하는 것은 성령의 기름 부음과 능력을 구하는 것과 깊이 결합되어 있다는 사실을 알 수 있다. 주님은 주기도문의 결론으로 성령을 구하라고 말씀하셨다. 끈질기게 구할 것을 말씀하시면서 "너희 하늘 아버지께서 구하는 자에게 성령을 주시지 않겠느냐"(눅 11:13)라고 하셨다. 우리가 기도할 때 주님이 베풀기 원하시는 최고의 응답은 바로 성령을 주시는 것이다.[6]

우리는 하나님 나라를 구하는 주기도문의 결론이 '성령을 구하는 것'이라는 사실에서 하나님 나라와 성령의 밀접한 관계를 보게 된다. 따라서 예수님도 성령을 구하셨다. 누가는 예수님이 기도하실 때 성령이 임하셨음을 강조하며(눅 3:21-22, 4:1) 성령의 능력을 덧입기 위해 늘 기도하신 예수님의 모습을 모범으로 제시했다(눅 9:18, 28-29, 11:1). 그리고 예수님은 제자들에게 하나님이 보혜사 성령을 보내 주실 것을 약속하시면서(요 16:7) 성령을 기다리라고 하셨다. 성령이 임하시면 능력을 받아서 땅 끝까지 복음을 전하는 증인이 될 것이니 먼저 성령을 받으라고 하신 것이다(눅 24:46-49; 행 1:8). 제자들은 오순절이 이르기 전 약속하신 성령을 기다리며 10일 동안 한마음으로 간절히 기도했고, 하나님은 약속대로 그들에게 성령을 부어 주셨다(행 1:14, 2:1-5). 성령 충만한 제자들에 의해 단 하루에 3,000명이 회개하면서 하나님 나라가 힘 있게 임하기 시작했다.

우리가 아무리 애써도 사람을 구원하는 일은 성령이 하시는 일이다. 조엘 비키(Joel R. Beeke)는 존 낙스(John Knox)가 1559년 스코틀랜드에서 경험한 성령의 놀라운 역사를 다음과 같이 인용했다. "하나님이 신자의 수를 너무나 더하신 나머지 마치 구름에서 빗방울 대신 사람들이 쏟아져 내리는 듯했다."[7] 이처럼 성령은 사람이 할 수 없는 놀라운 일을 행하신다. 마틴 로이드 존스는 D. L. 무디가 성령의 능력을 경험하고 나서 했던 고백을 다음과 같이 전했다. "똑같은 설교였는데도 불구하고 같은 설교가 아니었다. 이것이 바로 성령의 나타남과 능력이었다."[8]

우리의 모든 사역 위에 성령의 능력이 나타날 때 사람들이 변화되고, 귀신이 쫓겨 가고, 병든 자가 치유된다. 성령이 역사하실 때 하나님 나라가 도래하는 것이다. 교회의 역사를 보면, 하나님이 특별히 임재하신 부흥이 일어나기에 앞서 능력을 구하는 기도가 있었다.[9] 개인의 삶에서도 성령으로 충만해 성령이 주인이 되셔야만 죄와 정욕을 이기고 말씀대로 살아가는 하나님 나라의 삶이 펼쳐진다. 성령이 충만히 임재하실 때 하나님의 통치가 능력 가운데 실현되며 하나님 나라가 이루어진다. 그러므로 한마디로, 우리가 하나님 나라를 구하는 기도는 바로 성령을 구하는 기도라고 할 수 있다.

일부 교단에서 성령을 은사 운동이나 체험의 관점에서 강조하면서 그로 인한 부작용이 많다 보니 보수적인 성도들 중에는 성령하나님에 대해 마음의 문을 닫고 있는 경우가 종종 있다. 이는 큰 불행이다. 우리가 성령을 구하지도 않고, 그분의 능력을 받지도 않으며, 성령으로 충만하지도 않다면, 그래서 성령의 임재가 경험되지 않는다면 하나님 나라는 결코 실존될 수 없다. 성령 없이는 하나님 나라가 그 사람 안에 임할 수 없다. 가정과 교회에 하나님 나라가 임하려면 반드시 성령이 임재하셔야 한다. 그래서 우리는 하나님 나라를 위해 최우선으로 성령의 임재와 충만을 쉼 없이 구해야 한다.[10]

2. 기도는 주님의 사역에 동참하는 것이다 _ 가르치고, 치유하고, 전파하는 기도

또한 예수님은 성령의 권능으로 복음을 가르치고, 치유하고, 전파하고, 귀신을 내어쫓음으로써 하나님 나라를 가져오셨다. 그러므로 우리는 오늘날 성령의 임재 속에서 말씀이 가르쳐지고, 병든 자가 치유되고, 복음이 전파되고, 귀신이 떠나가는 일들이 일어나도록 끊임없이 기도해야 한다.

존 칼빈은 "주의 나라가 임하소서"라는 기도문에 대한 기도 지침을 다음과 같이 이야기했다. "우리는 하나님께서 교회를 세계 각지로부터 자기 앞으로 모으시도록, 교회와 교인의 수효를 늘리시도록, 교회에 각종 선물을 주시도록, 교회 사이에 바른 질서를 확립하시도록, 그러나 순수한 교리와 경건의 원수들을 모두 타도하시도록, 그들의 계획과 노력을 분쇄하시도록, 이런 일들을 매일 기원해야 한다."11

또한 《웨스트민스터 대요리 문답》은 주기도문에 대한 문답에서 "둘째, 기원(나라가 임하시오며)에서 우리는 무엇을 위하여 기도하는가?"라는 질문에 대해 다음과 같이 가르친다. "'나라가 임하시오며'에서 우리 자신과 전 인류가 본질상 죄와 사탄의 권세 아래 있음을 인정하며, 죄의 나라 즉 사탄의 나라가 멸망하고 복음이 전 세계에 전파되어 유대인이 부름을 받고 이방인의 충만한 수가 들어오기를 기도한다. … 아직 죄 중에 있는 자들을 회개시키시고 이미 회개한 자들을 바로 세우고 위로하고 믿음이 성장하고 그리스도께서 현세에서 우리의 마음을 주관하시고 재림하셔서 우리도 그로 더불어 왕 노릇 할 것을 기원하는 것이다. 아울러 하나님께서 권세의 나라를 이루어 이 목적을 달성하도록 온 세계에서 기쁘신 뜻대로 역사하시기를 기도한다."[12]

우리가 하나님 나라를 위해서 기도하는 것은 이처럼 가르치고, 치유하고, 전파하는 사역을 위해 기도하는 것과 일치한다.

예수님이 가르치시고, 치유하시고, 전파하시는 사역의 중심에는 하나님 나라의 복음이 있었다. 하나님 나라의 복음은 예수 그리스도가 하나님 나라를 이 땅에 도입하고 확장해 가실 때 사용하신 하나님의 방법이다.[13] 곧 하나님 나라는 진리의 복음과 약속의 성령으로 말미암아 이루어지고 확장되는 영적인 나라인 것이다.[14] 이제부터 하나님 나라를 향한 풍성한 기도운동을 위해 복음을 가르치시고, 치유하시고, 전파하신 주님의 3대 사역을 좀 더 깊이 살펴보겠다.

예수님은 하나님 나라의 복음을 전파하셨다(Evangelizing)

하나님 나라의 본질은 구원이다.[15] 구원받는 자의 숫자가 더해 가는 것이 곧 하나님 나라의 확장이다. 간혹 "교회가 왜 성장해야 하는가? 전도란 단지 교회 확장의 수단일 뿐이요, 교회 확장은 목회자의 야망에서 비롯된 것 아닌가?" 하며 부흥을 폄하하는 경우가 종종 있다. 하지만 이는 하나님 나라를 진정으로 생각하는 사람이라면 결코 할 수 없는 말이다. 예수님은 우리를 구원하기 위해 십자가에서 죽으심으로 엄청난 희생의 죗값을 치르셨다. 이처럼 놀라운 구원의 복음을 전하는 일을 거부하는 것은 십자가를 무가치하게 하는 것이며 주님의 지상 명령에 불복종하는 일이다. 복음 전파 없이 하나님 나라는 결코 임하지 않는다.

사람들은 복음을 들을 때 믿고 거듭난다(롬 10:14). 믿음은 들음에서 나며, 들음은 그리스도의 말씀으로 말미암는다(롬 10:17). 영국 청교도의 아버지 윌리엄 퍼킨스(William Perkins)는 그리스도와 그분이 주시는 유익은 믿음으로 말미암아 영혼에 미치고, 믿음은 오직 말씀을 듣는 데서 나오는 것이 기독교의 근본 원칙이라고 말했다.[16] 사람들이 믿고 구원받아 하나님의 백성이 되는 일은 오직 복음 전파를 통해서만 가능하다. 하나님 나라는 전도를 통해서 이 땅에 임한다. 하나님이 전도의 미련한 방법으로 사람들을 구원하기로 작정하셨기 때문이다(고전 1:21).

그런 이유로 예수님이 행하신 첫 번째 사역은 바로 복음을 선포하신 것이었다. 성경은 주님이 '복음을 선포하셨다'(케륏소)라는 말과 '복음을 전파하셨다'(유앙겔리조)라는 말을 함께 사용한다. 이것은 복음의 특성을 말해 준다. 복음은 입술을 통해서 선포될 때 살아 역사한다. 교회 안에서 복음이 항상 선포될 때 신자 안에 십자가의 은혜와 능력이 현재하게 되며, 하나님 나라가 능력으로 임재한다. 동시에 믿지 않는 사람들에게 복음을 전파하는 미련해 보이는 전도라는 방법으로 구원의 역사는 이루어진다. 성령은 우리가 온전히 그리스도의 십자가와 부활을 전할 때 듣는 사람 가운데 능력으로 역사하시어 하나님의 말씀을 친히 증거하신다(고전 2:2).

특별히 성경은 복음이 그 소식을 듣지 못한 사람들에게 전파되어야 한다고 기록하고 있다. 누가복음에는 '전파'라는 뜻을 지닌 '유앙겔리조'라는 단어가 많이 사용되었는데, 이로써 예수님이 전도하셨음을 분명히 했다. 예수님은 자신이 성령의 기름 부음을 받은 이유에 대해 가난한 자에게 복음을 전하게(εὐαγγελίσασθαι) 하기 위함이라고 이사야서를 인용해 말씀하셨다(눅 4:18, 7:22). 또한 가버나움 사람들이 주님이 떠나시지 못하게 만류할 때 예수님은 다른 동네에서도 하나님 나라의 복음을 전해야(εὐαγγελίσασθαι) 한다고 말씀하시며 자신이 이 땅에 온 목적은 바로 전도하기 위함이라고 하셨다(눅 4:43). 그래서 예수님은 각 성과 마을에 두루 다니며 복음을 전하셨다(εὐαγγελιζόμενος, 눅 8:1).

예수님은 하나님 나라의 복음을 선포하심으로써 죄인들을 하나님 나라로 초대하셨으며, 하나님의 통치를 받는 백성을 창조하고 모으셨다.[17] 그리고 예수님은 열두 제자에게 복음 전파 사명을 주셨다. 예수님의 파송을 받은 열두 제자는 각 마을을 두루 다니며 곳곳에 복음을 전했다(εὐαγγελιζο, 눅 9:6).[18] 부활하신 예수님은 제자들에게 복음을 땅 끝까지 전하라고 말씀하시며 그들을 파송하셨다(마 28:18-20; 막 16:15; 눅 24:46-48; 행 1:8).[19] 하나님 나라는 신자들이 성령으로 충만해 복음을 들고 나가 전할 때 이 땅에 이루어진다. 바울도 자신에게 전도의 문이 열리고 복음을 담대하게 전할 수 있게 해 달라고 기도 부탁을 했다(엡 6:19-20; 골 4:2-3).[20]

스코틀랜드의 순교자인 월터 스미스(Walter Smith)의 기도회 지침은 다음과 같이 가르친다. "그리스도의 나라가 임하도록 기도하는 것은 의심의 여지 없이 우리 모두의 의무다. … 주님의 기록된 말씀과 선포된 말씀이 능력으로 전파되어 그리스도 없이 그의 이름을 알지 못한 채 캄캄한 멸망의 어둠 속에 살아가야 하는 가련한 이교도의 세계를 밝히기를 구하고 기도할 것이다."[21]

예수님은 하나님의 백성을 말씀으로 가르치셨다(Teaching)

예수님은 복음을 전파함으로써 하나님의 백성을 초청하고 모으셨지만, 동시에 초청된 백성을 하나님의 말씀으로 가르치셨다(마 5-7장 참조). 하나님 나라는 초청된 백성이 하나님의 말씀에 순종함으로써 그분의 통치에 굴복할 때 임한다.

게할더스 보스는 마태복음 6장 33절을 인용하며 하나님 나라와 그분의 의는 밀접한 관련이 있다고 말했다.[22] 성경이 말하는 그리스도인의 의는 예수 그리스도를 믿음으로 얻어지는 법정적인 의이며, 동시에 의롭게 된 성도들 가운데 내주하시는 성령의 능력으로 말씀에 순종하는 실제적인 삶을 통해서 나타나는 의이기도 하다. 예수님은 믿음으로 의롭다 하심을 받은 성도들에게 성령을 보내셔서 그들로 하여금 율법의 요구를 이루게 하심으로 실제적인 의를 이루신다(롬 8:3).

예수님은 "나더러 주여 주여 하는 자마다 다 천국에 들어갈 것이 아니요 다만 하늘에 계신 내 아버지의 뜻대로 행하는 자라야 들어가리라"(마 7:21)라고 말씀하셨다. 예수님은 삭개오가 맘몬 우상을 버리고 율법대로 사랑의 법을 실천했을 때, 즉 하나님의 통치를 받아들였을 때 그가 바로 아브라함의 자손이라고 말씀하셨다(눅 19:9).[23] 그러한 측면에서 믿음으로 의롭게 된다는 말은 하나님의 통치를 받는 사람, 순종하는 삶을 사는 사람이라는 의미를 포함한다.[24]

이러한 성화는 율법적이고 도덕적인 가르침으로 이루어지는 것이 아니라 성령 안에서 이루어지는 말씀 사역으로 가능하다. 이에 존 칼빈은 하나님 나라가 임하는 데는 두 가지 경로가 있는데 하나는 정욕을 바로잡아 주시는 성령님이시고, 다른 하나는 우리의 생각을 빚어 주는 하나님의 말씀이라고 했다.[25]

예수님은 바로 이를 위해서 친히 말씀을 가르치셨다. 주님의 공생애 사역의 많은 부분은 가르치신 일이었다. 예수님은 성령으로 세례를 받으셨고, 가버나움의 회당에서 가르치셨고(*διδάσκων*, 눅 4:31), 온 갈릴리를 두루 다니며 회당에서 가르치셨다(*διδάσκων*, 마 4:23). 그리고 제자들은 예수님처럼 땅 끝까지 이르러 많은 사람을 제자로 삼아 하나님의 말씀을 가르쳐 지키게 하라는 부르심을 받았다(마 28:19-20).[26]

그러므로 우리는 사람들이 성령으로 말미암아 예수 그리스도께 가르침을 받도록, 그로써 하나님의 말씀에 순종하는 사람들이 되도록 기도해야 한다. 윌리엄 퍼킨스는《주기도문 강해》에서 "지식이 없는 사람과 선한 안내자 선생이 없는 자를 보거든, 혹은 가르칠 줄 모르는 자가 회중 가운데 서 있는 모습을 보거든 애통해야 한다. … '주님의 나라가 임하시오며'라고 기도해야 할 때다"[27]라고 말했다.

성령과 지혜가 충만한 말씀 사역자를 위해서 기도하고, 말씀이 가르치는 대로 순종하는 성도들이 되기를 기도할 때 하나님께 순종하는 통치가 이루어지고 하나님의 나라가 임한다. 이처럼 하나님의 나라는 복음을 전하는 말씀을 잘 가르쳐 순종하게 되는 것과 밀접하게 연관되어 있다.

예수님은 병든 자를 치유하셨다(Healing)

예수님이 이 땅에서 가장 많이 행하신 사역은 치유 사역과 축귀 사역이다. 누가복음 11장에서 하나님의 성령의 능력, 즉 초월적인 하나님의 구원의 힘이 예수님의 축사와 치유 사역에 나타나는 것을 볼 수 있다. 그런데 예수님은 바로 이러한 치유가 곧 하나님 나라의 현재적 임재를 입증해 준다고 말씀하셨다(눅 11:14-20). 물론 완전한 고통에서의 치유는 주님이 재림하시는 그날 이루어진다. 하지만 지금 이곳에 하나님 나라가 이미 시작되었다는 표증이 바로 치유다.

복음서를 보면, 임박한 하나님 나라를 선포할 때마다 치유의 기적이 함께 나타나는 경우가 많다(마 4:23-25, 11:4-5; 막 5:21-34, 6:12-13; 눅 4:14-41).[28] 복음서는 예수님이 하나님의 구원 통치를 실행하시는 모습을 보여 주기 위해 귀신을 내쫓고 병자를 고치신 사건을 부각시키고 있다.[29] 또한 예수님은 안식일에 치유 사역을 행하심으로써 자신의 하나님 나라 운동이 아담의 타락으로 고장 난 온 세상을 치유해 첫 창조의 심히 좋은 상태를 다시 한 번 실현하려는 것임을 보여 주셨다.[30]

요한은 요한계시록에서 장차 이루어질 천국을 생명수 강이 흐르고 그 옆에 생명나무가 있어서 그 잎사귀로 만국을 치유하는 장소로 묘사했다. 천국은 더 이상 아프거나 죽는 일이 없고, 상처도, 고통도, 눈물도 없는 곳이다(계 22:1-5).[31] 생명의 근원이신 하나님이 통치하시는 나라이기 때문이다. 인간이 처한 아담적인 실존은 사탄의 나라, 즉 사탄의 통치 아래 있는 것이요, 그 나라의 특징은 결핍이다. 그러나 예수님은 하나님 나라를 잔칫집으로 그리시면서 그 나라의 특징이 풍요로움과 배부름이라고 말씀하셨다.[32] 결국 예수님은 결핍 가운데 처한 사람들의 병을 고치고 귀신을 내쫓는 치유 사역을 통해 사람들을 삶의 모든 영역에서 경험하게 되는 결핍에서 해방시키시고 하나님의 충만함에 참여하게 하신다. 그로써 치유와 회복의 하나님 나라를 경험하고 맛보게 하신다.

톰 라이트(N. T. Wright)는 예수님과 함께 실제로 도래한 하나님 나라는 이 세상이 치유되어 온 피조물이 마침내 그 노래에 동참할 때 완전하게 도래한다고 말했다.[33] 결국 하나님 나라는 예수님의 치유 사역을 통해서 이 땅에 도래하는 것이다.

치유는 기도를 통해서 나타난다. 신약성경을 보면, 예수님께 드려진 최초의 기도들의 대부분은 질병 치유와 귀신을 내쫓는 사역과 연관되어 있다는 것을 알 수 있다(고후 2:8-10; 행 3:6; 막 9:38-40, 16:7).[34] 교회가 병든 자, 연약한 자, 귀신 들린 자를 위해서 기도할 때 치유가 일어난다. 예수님도 주로 기도를 통해서 병든 자를 치유하셨다. 초대교회는 바로 이러한 치유의 공동체로서, 서로 기도할 것을 명령받았다(약 5:16).

그러므로 오늘날 우리는 성령이 친히 역사하셔서 사람들이 치유되고 회복되는 역사가 일어나게 해 달라고 기도해야 한다. 치유를 통해 하나님과 이웃과의 관계가 회복되고 하나님이 베풀어 주시는 풍성한 삶을 맛보도록 기도하는 것이 바로 하나님 나라가 임하도록 기도하는 것이다.[35]

3. 개인의 간구 그 이상을 구하라   _교회를 위한 기도

예수님은 하나님 나라를 위해 3년간 제자들과 함께 거하셨다. 그리고 제자들을 중심으로 교회를 세울 것을 약속하셨다. 주님이 부활하고 승천하신 후 성령을 보내 주심으로 세워진 것이 바로 교회다. 교회는 하나님 나라의 전초기지요, 이 땅에 가시화된 하나님 나라의 시작인 것이다. 예수님은 몸인 교회의 머리가 되신다.

제자들의 사역의 초점은 한편으로는 이 땅에 하나님 나라가 오게 하려고 가르치고, 치유하고, 복음을 전파하는 데 있었지만, 다른 한편으로 그들은 그리스도의 몸인 교회를 위해 힘을 다해 수고했다(골 1:28-29). 주님은 제자들에게 많은 사람을 제자 삼으라고 말씀하셨다. 이 일 역시 교회를 세움으로써 가능하다(마 28:19-20). 결국 교회는 거룩하게 보존되어 훗날 그리스도의 아름다운 신부로 변화될 것이다(계 21:2, 9). 신부처럼 단장한 새 예루살렘인 교회의 완성이 곧 하나님 나라의 완성인 것이다. 그러므로 우리가 하나님 나라를 위해서 기도하는 것은 교회의 믿음과 하나 됨과 거룩과 밀접한 연관이 있다. 그래서 주기도문의 후반부는 '우리 청원'이다. 교회 자체를 위한 간구인 것이다.

우리는 이 땅을 살아가는 하나님 나라의 백성인 교회를 위해 어떻게 기도해야 할까? 교회의 건강과 거룩에 관한 내용은 "하나님 나라"라는 대주제에 있어서 가장 중요한 부분이기에 상세히 살펴보도록 하겠다.

일용할 양식: 믿음의 공동체를 위한 기도

하나님 나라가 이 땅에 임했다면 성도들의 삶의 필요에 그 통치가 실제적으로 경험되어야만 한다. 경제적인 삶의 영역에까지 하나님이 공급하시는 통치가 이루어져야 한다. 그런 면에서 하나님 아버지는 자녀 된 성도들의 매일의 양식을 공급해 주시는 분이다.

여기서 일용할 양식은 출애굽기 16장에 나오는 만나 사건을 배경으로 한다. "그때에 여호와께서 모세에게 이르시되 보라 내가 너희를 위하여 하늘에서 양식을 비같이 내리리니 백성이 나가서 일용할 것을 날마다 거둘 것이라 이같이 하여 그들이 내 율법을 준행하나 아니하나 내가 시험하리라"(출 16:4). 하나님은 40년 동안 매일 일용할 양식을 공급하심으로 그 백성을 먹이셨다. 그러므로 일용할 양식을 구하는 기도는 40년 동안 이스라엘 백성에게 하루도 빠지지 않고 일용할 양식을 주신 하나님 아버지에 대한 신뢰를 전제한 것이다.[36]

부모로부터 공급을 받는 자녀는 '내일 무엇을 먹을까?'를 걱정하면서 부모에게 한 달 치를 미리 요청하지 않는다. 그저 매일의 필요를 구할 뿐이다. 그러므로 일용할 양식을 구하는 청원은 하나님이 자녀의 일생의 필요를 공급해 주는 아버지이심을 신뢰하고, '무엇을 먹을까? 무엇을 입을까?' 하며 불신앙으로 염려하지 말고(마 6:25-34), 필요한 것을 기도로 아뢰라는 의미다(빌 4:6).

여기서 우리가 오해하지 말아야 할 것이 있다. 예수님이 일용할 양식을 구하라고 하신 말씀을 '하나님의 백성은 이 땅에서 가난하게 살아야 한다. 훌륭한 신앙생활은 오직 천국만 바라보며 이 땅의 것에는 아무런 관심도 가지지 않는 것이다'라고 생각하는 것이다. 오히려 성경은 하나님의 통치 아래서 살아가는 하나님의 백성은 하나님의 풍성한 공급을 맛본다고 말한다. "나의 하나님이 그리스도 예수 안에서 영광 가운데 그 풍성한 대로 너희 모든 쓸 것을 채우시리라"(빌 4:19).

바울은 부자들을 향한 권면에서 '하나님은 모든 것을 후히 주사 누리게 하시는 분'이라고 분명히 소개했다(딤전 6:17). 달라스 윌라드(Dallas Willard)는 하나님을 믿는 사람들이 당연히 가난해야 한다는 생각은 완전히 잘못되었다고 말했다. 그는 우리가 소유한 모든 부귀를 하나님 나라 안으로 가지고 들어가야 하고, 그런 면에서 부귀가 많을수록 우리가 하나님께 드릴 것이 많아진다고 주장했다.[37]

그러나 바울은 부자들에게 다만 재물에 소망을 두지 말고 하나님께 소망을 두어 나눠 주고 동정하는 자가 되라고 권면했다(딤전

6:17-18). 예수님이 일용할 양식에 대해 하신 말씀의 의미를 여기서 찾을 수 있다. 예수님은 이 기도를 가르치신 후에 보물을 하늘에 쌓아 둘 것과 재물과 하나님을 동시에 섬길 수 없다고 말씀하셨다(마 6:20-24). 하나님은 우리의 쓸 것을 풍성하게 채워 주는 분이심을 믿되, 결코 맘몬의 노예가 되지 말고 물질의 선한 청지기로 살아가며, 결정권을 재물이 아니라 하나님께 두어서 주의 나라의 백성으로, 제자 공동체로서 살아가야 한다는 뜻이다. 결과적으로 이 기도는 교회가 믿음의 공동체가 되어야 할 것을 말하는 것이다.

그러므로 우리는 이렇게 기도해야 한다. "주님, 우리가 평생 매일의 필요를 공급하시는 풍성한 하나님을 신뢰하는 믿음의 공동체가 되게 하소서. 그리하여 내일 일을 걱정하지 않게 하시고, 그날그날의 필요와 염려를 기도로 주께 맡기게 하소서. 물질의 노예가 아니라 청지기로 살아가며 나누는 삶을 살게 하소서. 그리하여 항상 하나님의 말씀과 부르심을 따라서 주의 백성으로 살아가게 하소서."

죄 용서: 사랑의 공동체를 위한 기도

하나님의 통치를 받는 자녀들이 매일 경험해야 하는 것은 날마다 우리의 죄를 용서하시고 은혜를 베푸시는 하나님의 사죄의 은총이다. 죄는 하나님과 우리 사이를 막아서 하나님의 생명에서 떠나게 한다(사 59:2). 그러나 하나님의 죄 용서는 막힌 담을 뚫고 우리로 하나님의 생명의 풍성한 통치에 참여하게 한다. 톰 라이트는 맨발로 달려나가 패역한 아들을 용서하며 맞이한 아버지의 이야기를 언급하며 다음과 같이 말했다. "죄 용서는 새로운 출애굽이고, 진정한 포로 귀환이며, 예언의 성취이고, 위대한 해방이다. 이것은 우리 눈부신 하나님의 수치스러운 강림이다."[38]

예수님이 중풍병자의 병을 고치기 전에 죄 사함을 선포하신 사건은 이 땅에서의 삶의 치유와 생명은 바로 죄 용서의 축복으로 말미암는다는 것을 보여 준다(눅 5:20-24). 그러므로 하나님의 백성이 항상 하나님의 풍성한 생명의 통치 가운데 거하려면 언제나 죄 사함의 축복을 경험해야만 한다.

그런데 죄 용서를 경험하는 일을 가로막는 것이 있는데, 바로 형제를 용서하지 않는 태도다. 탕자인 둘째 아들이 돌아와서 아버지 집에 잔치가 벌어졌을 때 맏아들은 동생을 받아들일 수가 없었다. 그는 동생을 용서하지 않았다. 따라서 동생을 받아들이며 기뻐하는 아버지의 잔치 자리에 참여할 수 없었다. 맏아들은 아버지가 동생만 사랑한다고 생각해 아버지에게 불만을 터뜨렸다(눅 15:28-30).

맏아들은 동생을 받아들이기까지는 아버지의 사랑을 느낄 수 없다.[39] 아울러 동생 역시 형으로 인해서 집안에서 아버지의 용서하는 사랑의 은총을 충만히 경험하지 못한다. 결국 형제를 용서하지 않는 행동은 개인적으로만 아니라 공동체적으로도 하나님의 용서하시는 은총을 가로막는다. 예수님이 주기도문에서 우리가 우리에게 죄지은 사람을 용서하지 않으면 하나님도 우리의 죄를 용서하지 않으신다고 말씀하신 것은 바로 이러한 맥락에서 이해해야 한다.

그렇다면 우리가 용서해야 하는 당위성은 무엇인가? 우리가 이미 더 큰 용서를 하나님께 받았기 때문이다. 예수님은 우리가 용서해야 할 이유를 1만 달란트 빚을 탕감받은 종의 비유로 말씀하셨다 (마 18:23-35). 이 비유에서 우리가 하나님께 지은 죄는 우리 힘으로 도저히 갚을 수 없는 1만 달란트에 해당된다. 반면 사람들이 우리에게 지은 죄는 100데나리온의 적은 빚이다. 누군가 예수 그리스도의 십자가로 인해서 엄청난 죄를 용서받았다면, 지금 죄 용서의 은총이 가득한 하나님 나라에 현재적으로 살고 있다면 그는 결코 100데나리온에 해당되는 다른 사람들의 죄를 용서하지 않을 수가 없다.

용서하지 않는 사람이 있다면 그는 자신에게 일어난 일을 파악하지 못했다는 의미다. 사실 그는 이렇게 말하는 것과 같다. "나는 하나님 나라가 도래했다고 믿지 않는다. 죄 용서가 실제로 일어났다고 생각하지 않는다." 만약 우리가 용서하지 않는다면 우리는 죄 용서를 통해서 그리스도인이 된 우리의 존재 기반을 부정하는 것이나 마찬가지다.[40]

그러므로 죄 용서를 받은 그리스도인들에게 있어서 다른 사람의 죄를 용서하는 것은 그들 안에 흘러넘치는 하나님의 사랑의 풍요함이 흘러가는 것이자, 동시에 그들이 보여 주어야 할 삶이요, 윤리다. 하나님은 용서의 은총이 우리를 통해서 이웃에게 나타나기를 원하시는 것이다.[41] 그러므로 용서는 하나님 나라 공동체의 윤리다.

예수님은 일흔 번씩 일곱 번이라도 용서해야 한다고 말씀하심으로써 교회가 마땅히 용서의 공동체가 되어야 할 것을 강조하셨다 (마 18:21-22). 만일 예배드리러 왔다가 형제와 불화한 일이 생각나면 먼저 가서 화해하고 오라고 하셨다. 용서 없는 예배는 받지 않으신다는 뜻이다(마 5:23-24). 바울도 "누가 누구에게 불만이 있거든 서로 용납하여 피차 용서하되 주께서 너희를 용서하신 것같이 너희도 그리하고"(골 3:13)라고 말했으며, 신자가 원한을 품고 복수하려는 태도는 심판주이신 하나님의 자리를 찬탈하는 죄라고 말했다. "내 사랑하는 자들아 너희가 친히 원수를 갚지 말고 하나님의 진노하심에 맡기라 기록되었으되 원수 갚는 것이 내게 있으니 내가 갚으리라고 주께서 말씀하시니라"(롬 12:19).

그러므로 용서의 기도는 교회가 사랑의 공동체가 되어야 할 것을 말한다. 우리는 이렇게 기도해야 한다. "주님, 우리에게 상처 주고 손해를 입힌 사람에 대한 미움과 원한을 버리고, 용서하고 사랑하게 하소서. 날마다 하늘 아버지의 사죄의 은총을 경험하는 사랑의 공동체가 되게 하소서."

시험과 악한 자: (거룩한) 소망의 공동체를 위한 기도

"우리를 시험에 들게 하지 마시옵고 다만 악에서 구하시옵소서"라는 기도는 마치 2개의 기도 같지만, 사실은 서로 연관성이 있는 하나의 기도문이다. '시험'에 해당하는 헬라어 단어(πειρασμον)는 그 결과에 따라서 '시험'(test)의 의미로 쓰이기도 하고, '유혹'(temptation)이라는 뜻으로 사용되기도 한다. 여기서는 그리스도인으로 하여금 하나님에게서 벗어나 불순종의 길로 가게 하는 유혹을 의미한다.[42] 그리고 '악'에 해당하는 헬라어(του πονηρου)는 남성, 단수, 소유격이며 악한 자, 즉 사탄을 가리킨다.[43] 결국 그리스도인을 넘어뜨리려는 유혹의 배후에는 악한 자 사탄이 있다는 것이다.

아담과 하와는 선악과를 먹으면 하나님처럼 된다는 유혹에 넘어졌다. 그들을 유혹한 자는 옛 뱀이라 하는 마귀로서, 아담은 그의 유혹에 넘어가 에덴에서 쫓겨나 마귀의 지배 아래 들어가게 되었다. 이처럼 사탄은 하나님의 백성을 유혹해 하나님의 통치에서 벗어나 자신의 지배 아래로 끌어오고자 한다.

결국 이 기도는 우리에게 두 가지를 알려 준다. 첫째, 신자는 이 땅에서 종말론적 하나님 나라를 소망하며 거룩하고 흠 없이 보존되어야 한다는 것이다. 이를 위해서 교회는 그날을 바라보는 소망의 공동체로서 세상의 유혹과 사탄의 시험으로부터 늘 보존되어야 한다. 둘째, 교회는 사탄과의 영적인 싸움 아래 있음을 전제한다는 것이다. 존 쾌니그는 다음과 같이 말했다. "쇄도해 들어오는 하나님 나라는 언제나 폭력적인 사탄의 반항을 불러온다."[44] 예수님이 성령으로 세례를 받으셨을 때 사탄이 시험한 것처럼, 하나님 나라에 편입된 하나님의 백성에게는 시험이 온다. 하나님 나라가 임하고 하나님 나라의 통로가 되는 공동체는 분노한 사탄의 특별한 과녁이 된다.[45]

이에 베드로는 "근신하라 깨어라 너희 대적 마귀가 우는 사자같이 두루 다니며 삼킬 자를 찾나니"(벧전 5:8)라고 경고했다. 주기도는 이러한 쉼 없는 영적 전쟁에서 승리하기 위해서 우리가 기도로 깨어 있어야 한다고 권면하는 것이다(엡 6:18). 예수님은 실제로 마귀의 표적이 된 베드로를 위해 기도하심으로써 그를 건져 내셨다(눅 22:31-32).

그러므로 우리는 이렇게 기도해야 한다. "주님, 세상과 죄의 유혹을 이기게 하시고 마귀의 모든 궤계에서 우리를 건져 주시어 우리로 거룩한 소망의 공동체가 되게 하소서."

주기도문은 우리가 공동체를 위해서 무엇을 기도할 것인가를 가르쳐 준다. 주기도문으로 기도할 때 이 땅에 하나님의 통치가 능력으로 임할 뿐 아니라, 교회가 영광스럽고 아름다운 모습으로 세상 속에 드러나게 될 것이다.

4. 주님의 기도 정신을 따르라   _주기도의 적용

지금까지의 내용을 간략히 요약해 보겠다. 예수님은 하나님 나라를 위해 성령의 능력으로 가르치시고, 치유하시고, 전파하셨다. 그러므로 오늘 우리가 하나님 나라를 위해서 기도하는 것은 첫째, 성령을 구하는 기도를 드리는 것이다. 둘째, 복음을 가르치고, 치유하고, 전파하는 사역을 위해서 기도하는 것이다. 셋째, 그리스도의 몸인 교회의 믿음과 사랑과 소망을 위해서 기도하는 것이다.

조나단 에드워즈는 당시의 침체된 교회를 바라보면서 기도합주회를 결성한 목적을 성령의 충만한 임재에 두었고, 먼저 성령으로 충만한 이후에 부흥과 각성이 일어나고, 그 결과 선교의 사역이 일어난다고 이해했다.[46] 오순절 날 성령이 임하신 사건은 복음 전파, 공동체의 탄생, 사도들의 가르침, 치유의 공동체로서 하나님 나라의 임재, 그리고 선교적 사명으로 나아갔다. 우리가 오늘 주의 나라를 위해 이러한 구체성을 가지고 기도한다면 우리는 더욱 깊이 그 나라를 열망하며 기도하게 될 것이고, 실제로 그러한 역사가 일어나는 모습을 보게 될 것이다.

따라서 지금까지 살펴본 내용을 바탕으로 매일 5분씩 시간을 내서 기도할 수 있도록 기도 제목을 만들어 보았다. 이 기도 제목을 바탕으로 기도하면 주기도의 핵심 내용을 쉽게 숙지할 수 있다. 이 기도 제목은 더사랑의교회에서 매일 5분씩 하루 세 번 기도하는 '153운동'을 위해서 고안한 것이다. 유대인들이 하루 세 번 기도했던 것처럼 우리가 주기도문의 핵심 사상을 가지고 하나님께 기도를 올려 드린다면 우리 시대에 놀라운 하나님 나라의 도래와 부흥의 역사를 경험하게 될 것이다.

하나님 나라를 위한 주기도 적용 기도문(5분)

'당신 청원': 나라가 임하시오며

· 성령이여, 권능으로 우리 가운데 임재하시어 충만케 하시고 능력을 부어 주소서.
· 성령이여, 우리 가운데 항상 복음이 선포되어서 영혼의 구원을 받게 하시고, 구원의 확신과 기쁨을 가지게 하시고, 십자가와 부활의 복음을 전파하게 하소서.

- 성령이여, 우리에게 말씀을 가르치셔서 죄와 불순종에서 돌이켜 순종
  케 하시고, 우리 심령에 말씀의 사모함을 주사 항상 주의 말씀을 묵상
  하게 하소서.
- 성령이여, 우리의 모든 연약함, 질병, 상처를 고쳐 주시고, 우리를 억누
  르는 귀신이 떠나가게 하시며, 날마다 하늘의 평강, 기쁨을 부어 주사
  하나님 나라의 풍성함을 알게 하시옵소서.

'우리 청원': 공동체를 위한 기도

- 주님, 우리는 평생 매일의 필요를 공급하시는 하나님을 신뢰함으로 내
  일을 걱정하지 말게 하시고, 오늘의 필요와 염려는 기도로 구하고 맡
  기는 믿음의 공동체가 되게 하소서.
- 주님, 우리에게 상처 주고 손해 입힌 그 사람에 대한 미움과 원한을 버
  리고 용서하고 사랑하게 하시어, 날마다 하늘 아버지의 사죄의 은총을
  경험하는 용서의 공동체가 되게 하소서.
- 주님, 우리가 세상과 죄의 유혹을 이기게 하시고 마귀의 모든 궤계에서
  건져 주시어 거룩한 공동체가 되게 하소서.

자녀에게 적용한 5분 기도문

많은 부모가 날마다 자녀를 위해서 기도한다. 주기도를 응용한 자녀
를 위한 기도문을 참조하면 부모들이 자녀를 위해서 올바르고 강력
한 기도를 드릴 수 있다.

'당신 청원': 우리 아이에게 주의 나라가 임하시옵소서

주님, 우리 아이에게 성령의 기름을 부으소서. 다윗처럼 어려서부터 성령으로 감동해 주님과 동행하게 하시옵소서. 주님, 우리 아이에게 주의 복음을 전파해 주옵소서. 아이의 심령 안에 복음이 선포되어 구원을 경험하고, 인격적으로 주님을 만나게 하옵소서. 항상 복음이 마음속에서 살아 있게 하시어 복음을 증거하는 아이가 되게 하시옵소서. 주님, 우리 아이에게 주의 말씀을 가르쳐 주옵소서. 자신의 고집과 죄를 버리고 주의 말씀에 순종하는 아이가 되게 하시옵소서. 날마다 큐티하는 삶을 살게 하소서. 주님, 우리 아이를 치유해 주시옵소서. 우리 아이의 모든 연약한 것을 고치시고, 공부의 압박, 정신적인 스트레스로 인한 피곤, 우울증, 공황장애, 분노 등을 치유하시고 하나님 나라의 풍성한 능력, 기쁨, 평안을 누리며 살게 하시옵소서.

'우리 청원': 우리 아이를 돌보아 주시옵소서

주님, 우리 아이가 평생 주님의 공급하심 속에서 살게 하시고, 필요한 지혜를 주사 학업을 잘 감당케 하시고, 대학 진학의 걸음을 인도 하시고, 취업을 통해서 성실한 경제활동을 하게 하시며, 성실한 믿음의 배우자를 만나 아름다운 가정을 이루게 하소서. 주님, 우리 아이가 죄 용서의 확신과 기쁨을 누리게 하시고, 아울러 다른 사람들로부터 받은 상처와 모욕을 용서할 수 있는 능력을 주시옵소서. 친구들과 선생님들과 사랑의 관계를 이루며 살게 하옵소서. 주님, 우리 아이를 모든 유혹과 악으로부터 보호하소서. 성적인 유혹, 나쁜 친구의 유혹, 세상의 유혹에서 지켜 주시고, 악한 사탄과 악한 친구들로부터 지키시고 거룩하고 순결하게 그 몸과 영과 혼을 보존해 주옵소서.

구절별로 적용한 20분 기도문

20분 기도문은 주기도의 한마디, 한마디의 의미를 살려서 기도 제목으로 구체화한 것이다. 마르틴 루터도 주기도문을 즉흥 변주곡처럼 만들어서 기도했다. 예를 들어, "우리에게 일용할 양식을 주시옵소서"라고 아뢰고 이렇게 덧붙였다. "나의 가정과 재정, 아내와 아이들을 하나님께 들어 올립니다. 제가 모자람 없이 부양하고 가르쳐서 잘 관리하게 해 주세요."[47] 이처럼 우리도 주기도문의 각 구절마다 의미를 더해서 기도를 덧붙일 수 있다. 이러한 의미를 이해하면서 기도 카드를 이용해 자신만의 변주곡을 만들어 기도하면 좋다.

하늘에 계신 우리 아버지여

나를 아시고, 긍휼히 여기시며, 언제나 사랑하시는 아버지, 감사합니다. 나의 아빠가 되시어 친밀한 사랑의 교제를 나누기를 기뻐하시는 아버지, 사랑합니다. 나의 생명의 근원이 되시는 아버지를 사모합니다. 당신은 온 땅을 통치하시는 왕이신 나의 아버지이십니다. 당신은 온 백성에게 나와 똑같은 관심을 가지시는 모든 이의 아버지요, 창조자이십니다. 당신은 나를 선택해 어두운 이 땅에 보내신 나의 왕이십니다. 당신은 나를 큰 그릇으로 빚으시기 위해서 고난과 연단을 허락하신 강한 아버지이십니다. 당신은 하늘에서 언제나 내 가는 길을 지켜보시며 기도할 때 하늘 문을 열어 주시는 능력의 아버지이십니다.

이름이 거룩히 여김을 받으시옵소서

아버지의 사랑만 알고 거룩을 알지 못해 그 이름을 망령되이 일컬었음을 회개합니다. 자녀로서 행실이 거룩하지 못해 아버지의 이름이 더럽혀졌음을 회개합니다. 아버지께서는 죄를 용납할 수 없으신 거룩한 분이심을 알게 하옵소서. 우리의 예배를 통해 뛰어나신 아버지의 영광과 존귀가 나타나게 하소서. 우리의 착하고 의로운 행실을 통해 이 세상에서 아버지의 이름이 칭송받게 하소서. 당신의 백성이 죄에서 돌이켜 순종함으로 아버지의 이름이 거룩히 여김을 받게 하소서.

당신의 나라가 임하시옵소서

예수 그리스도의 십자가의 승리로 이제 이 땅에 당신의 나라가 임한 것을 보게 하소서. 성령이여, 권능으로 우리 가운데 임재하시어 충만케 하시고 능력을 부어 주소서. 성령이여, 우리 가운데 말씀의 부흥이 일어나 사람들이 불순종에서 돌이켜 주의 통치 가운데 돌아오게 하소서. 성령이여, 우리가 기도할 때에 모든 질병, 상처의 치유가 일어나게 하시고, 성령의 권능으로 귀신이 떠나가며, 하늘의 평강과 기쁨을 맛보게 하소서. 성령이여, 우리가 담대하게 입을 벌려 주의 말씀을 전하게 하시고 듣는 사람들이 회개하고 예수를 믿고 구원받게 하소서. 지금 여기서 사탄의 나라와 하나님 나라가 전쟁 중에 있음을 알게 하소서. 우리가 이 땅의 것을 팔아서 감추인 보화와 같은 천국을 사게 하소서.

뜻이 하늘에서 이루어진 것같이 땅에서도 이루어지이다

아버지께서 이 땅의 모든 역사를 하늘에서 주관하고 계심을 감사드립니다. 제 삶 속에 당신의 온전하고 보배로운 계획이 있음을 감사드립니다. 매일의 삶 속에서 말씀과 기도와 교회를 통해서 아버지의 뜻을 깨닫게 하소서. 내 뜻이 아닌 아버지의 뜻에 전적으로 순종하며 살아갈 겸손과 믿음을 주옵소서. 주여, 속히 주의 뜻이 이 땅에 이루어지게 하시옵소서.

오늘 우리에게 일용할 양식을 주시옵소서

주님, 날마다 필요를 채워 주시는 아버지가 되어 주심을 감사드립니다. 걱정과 의심을 버리고 오늘도 나의 필요를 구할 때 응답하시옵소서. 죽을 때까지 나를 책임져 주시는 아버지를 신뢰함으로 결코 돈 걱정에 매여 인생을 소비하지 말게 하소서. 아버지와의 매일의 교제를 통해 내 영혼의 빵은 돈이 아니라 아버지의 사랑임을 알게 하소서. 나를 노예로 만드는 탐심을 이기고 이 땅의 것에 대한 마음은 일용할 양식만큼만 가지게 하옵소서. 오직 내 마음에 아버지의 나라에 대한 열정으로 가득 차서 먼저 그의 나라와 의를 구하는 비전의 인생이 되게 하소서.

우리에게 죄지은 자를 사하여 준 것같이 우리 죄를 사하여 주시옵소서

지은 죄를 고백하고 회개할 때마다 죄를 사해 주시는 용서의 특권을 주심을 감사드립니다. 제 영혼의 깊은 침체와 구원의 기쁨을 잃어버린 것이 죄 사함의 은총을 누리지 못함임을 알게 하소서. 아주 작은 죄라도 품고 있으면 우리를 향한 아버지의 마음에 큰 상처를 줄 수 있음을 알고 언제나 죄에 민감하게 하소서. 아버지께 용서받은 사랑으로 그를 용서할 수 있게 해 주심을 감사드립니다. 그를 용서하지 못하는 미움과 복수심이 오늘 나를 향한 아버지의 용서를 가로막음을 알게 하소서. 공의로우신 아버지 앞에 그에 대한 복수심과 미움과 원한을 다 맡기고 내려놓게 하옵소서. 그를 사랑하고 섬김으로 용서를 실천할 믿음을 주시고, 순종할 때 아버지의 큰 사랑으로 저를 치유해 주옵소서.

시험에 들게 하지 마시옵고 다만 악에서 구하시옵소서

사탄이 우리를 유혹해 넘어뜨리려고 늘 엿보고 있음을 알게 하소서. 제 약함을 아시는 주님, 제가 유혹당해 넘어질 상황에 처하지 않게 하옵소서. 요셉처럼 유혹의 자리에서는 언제나 도망할 수 있는 마음을 주옵소서. 나의 싸움은 마귀와의 영적인 싸움임을 알고 항상 말씀과 기도로 무장하게 하소서. 오직 기도만이 마귀의 궤계를 이기는 승리의 길임을 알고 항상 깨어 기도에 전념케 하소서. 오늘도 마귀가 제일로 표적 삼는 영적인 지도자를 주께서 보호하소서.

나라와 권세와 영광이 아버지께 영원히 있사옵나이다

지는 것처럼 보여도 결국 하나님 나라가 승리함을 믿고 감사드립니다. 비록 잠시 교회가 비난을 받고 침체하는 것처럼 보여도 최후 승리를 믿고 낙심치 말게 하소서. 잠깐뿐인 세상의 영화와 권력에 유혹받지 말고, 영원한 하나님 나라와 권세와 영광을 위해서 살게 하소서. 오직 모든 영광을 아버지께만 영원히 돌리옵나이다. 아멘.

우리는 오늘날 성령의 임재 속에서 말씀이 가르쳐지고,

병든 자가 치유되고, 복음이 전파되고,

귀신이 떠나가는 일들이 일어나도록 끊임없이 기도해야 한다.

하 나 님 나 라 / βασιλεια του θεου / 기 도 운 동

5

구체적인 기도 훈련이
부흥을 낳는다

• 부흥을 위한 6가지 기도 원칙 •

우리는 지금까지 기도가 세상을 바꾸고 교회를 살리는 운동이 될 수 있다는 내용에 대해 배웠다. 이제 남은 과제는 실제로 기도를 운동으로 만드는 일이다. 기도를 단지 개인의 경건과 필요를 채우는 차원으로만 제한하지 말고, 진정 하나님 나라의 부흥을 이루는 사역으로 삼아야 한다. 그것이 주님이 우리에게 기도를 가르쳐 주신 중요한 이유다. 그렇다면 기도운동을 어떻게 효율적으로 펼쳐 나갈 수 있을까?

1. 기도의 동역자가 필요하다

_기도사역팀 결성

하나님 나라를 위한 기도운동을 지속적으로 펼쳐 나가려면 소수라

할지라도 기도에 훈련되고 헌신된 사람들이 필요하다. 기도 사역은 보편성과 전문성이라는 두 가지 요소를 다 가지고 있다. 누구나 전도를 해야 하지만, 특별히 전도의 은사가 있는 사람들을 훈련하며 전도팀을 운영하는 것과 마찬가지다. 기도 역시 누구나 해야 하는 보편적인 사역이면서, 동시에 기도의 은사가 있는 성도들을 따로 모아서 훈련하고 세워야 하는 전문적인 사역이다.

피터 와그너(Peter Wagner)는 모든 그리스도인에게는 중보기도의 책임이 있다고 말하면서, 동시에 중보기도의 은사를 받은 성도가 있다고 말했다. 그는 또한 한 교회에는 평균 5%의 성도들이 중보기도의 은사를 가지고 있는데, 80%에 달하는 중보기도를 담당하고 있다고 말했다. 그러면서 중보기도의 은사를 받은 사람의 특징을 다음과 같이 설명했다. 첫째, 오래 기도하되 최소한 하루에 한 시간 이상씩 매일 기도하며, 심지어 여러 시간 이상 기도한다. 둘째, 남보다 기도를 더 열심히, 깊이 한다. 셋째, 기도를 즐거워한다. 넷째, 기도 응답의 경험이 많고 그 간증이 극적인 편이다.

기도의 은사가 확실하게 발견되기까지는 훈련이 필요하다. 단번에 발견되는 것이 아니다. 분명히 하나님이 은사를 주셨음에도 훈련이 안 되어 자기 안에 있는 기도의 은사를 충분히 활용하거나 극대화시키지 못하는 사람이 있을 수 있다.

기도 사역을 하다 보면 기도의 은사를 가진 성도들을 발견하게된다. 그들을 훈련해 기도사역팀을 결성하면 기도 사역을 지속적으로 강력하게 진행하는 데 큰 도움을 얻을 수 있다. 존 맥스웰은 기도 동역자 팀을 결성하면 다음과 같은 이점이 있다고 말했다. 첫째, 교회 안에서 기도가 최우선이 되고, 둘째, 영적 지도자들을 위한 든든한 지지 팀이 생겨나고, 셋째, 지도자 개인의 사역에 열매가 많아지고, 넷째, 기도 동역자들이 축복을 받고, 다섯째, 하나님이 역사하시는 분위기가 조성된다. 맥스웰이 사역했던 스카이라인교회에는 120명의 기도 동역자가 있었고, 현재는 INJOY사역을 위한 기도 동역자가 300명이 넘는다고 한다.[1]

더사랑의교회의 경우 이미 중보기도 사역을 통해서 이러한 열매를 누려 왔지만 기도사역팀을 구성함으로써 보다 지속적이고 강력한 기도의 열매를 경험했다.

훈련된 사람을 기도 사역자로 세워라

무엇보다 기도 사역자를 훈련해야 한다. 교회 생활에 열심이라고 훈련 없이 말씀으로 사역할 수 없는 것처럼, 무조건 열심히 기도하는 사람을 훈련 없이 기도 사역자로 세울 수는 없다.

한국 교회의 기도가 식어진 표면적 현상의 이면에는 세속적이고 기복적으로 변질된 기도가 그 원인으로 자리하고 있다. 기도에 열심인 성도들 중에는 복음을 깨닫지 못한 채 자기 열심과 의와 공로, 혹은 체험을 앞세우는 경우가 많다. 이것은 비복음적인 모습이다. 복음적이지 않은 기도는 곧 종교적인 기도를 의미한다.

연약한 인간은 누구나 기도의 정서를 가지고 있다. 특별히 종교적인 심성이 많은 사람은 더욱더 기도에 열심을 내기 쉽다. 하지만 그리스도의 십자가와 부활의 공로에 의지해 성령으로 말미암지 않은 기도는 하나님께 상달되는 기도가 아니라는 사실을 기억해야 한다. 주님이 가르쳐 주신 기도를 통해서 살펴본 대로, 마음속에 하나님 나라를 향한 열망을 품고 지속적으로 그 나라를 간구하는 마음이 없는 사람의 열심은 사막에 부는 모래바람처럼 그저 피곤하게 먼지만 날릴 뿐이다. 모든 인간은 복음으로, 성령으로 훈련받지 않고는 저절로 하나님의 사람이 되지 못한다. 먼저 말씀으로 내면이 빚어지고 그리스도의 사람이 되지 않은 채 기도의 열정만 가지고는 결코 기도 사역자가 되지 못한다.

기도 사역자들은 가급적이면 먼저 교회 내에서 이루어지는 제자훈련과 같은 말씀 훈련을 받아야 한다. 그리고 기본적인 기도 훈련을 통해 성경적인 기도가 무엇인지 알아야 하고, 중보기도학교를 통해서 다른 사람을 위해 간구하는 기도의 의미를 깨달아야 한다.

중세의 타락 이면에 기도의 타락이 있었던 것처럼 훈련받지 않으면 우리의 기도 역시 타락할 수 있다. 먼저 기도가 교정되어야 하고, 세속과 종교성에서 깨어나야 한다. 내적으로 성숙한 성도들이 기도 훈련을 통해서 기도 사역자로 세워질 때 서로 하나 되는 가운데 교회와 하나님 나라를 위해서 지속적으로 기도하는 일이 가능하다. 그리고 마귀의 유혹과 관계의 시험 등을 잘 이겨 내고 끝까지 쓰임 받을 수 있다.

기도가 성장하기 위해서는 단계별로 기도에 대한 적절한 가르침이 있어야 한다. 3단계로 기도 학교를 개설할 수 있다. 첫째는 가장 초보적인 단계의 기도를 가르쳐 주는 '기도학교'이고, 둘째는 중보기도 사역자를 양성하고 훈련하는 '중보기도학교'이며, 셋째는 중보기도 사역을 수료한 사람들을 대상으로 하는 '기도사역학교'다. 다음은 더사랑의교회에서 실시되고 있는 기도 사역을 바탕으로 정리한 내용이다.

1) 1단계: 기도학교

대부분의 성도들은 기도에 대해서 체계적으로 배워 본 적이 없다. 따라서 기초부터 정리할 필요가 있다. 1단계에서는 기도의 걸음마 단계에 수준을 맞추어 기도에 대한 기본적인 성경의 가르침과 자세, 방법 등을 배울 수 있다. 매 시간 강의와 기도 실습으로 진행된다.

기도학교 강의 내용과 커리큘럼

강의 내용
1강: 성경에 나타난 기도의 사람들
2강: 기도의 법칙과 성장
3강: 응답받는 기도, 응답받지 못하는 기도
4강: 기도의 기술
5강: 다양한 기도의 방법들
6강: 교회 내 기도 모임과 기도 사역에 참여하기

1강에서는 성경 속 위인들의 기도하는 자세와 그들이 드린 기도에 대한 하나님의 응답을 살펴봄으로써 기도에 대한 믿음의 확신을 주고, 기도하고자 하는 마음을 일으키는 데 초점을 둔다. 2강에서는 자신의 공로가 아니라 그리스도의 공로에 의지한 은혜로서의 기도에 대해서 살펴보고, 은혜 속에 기도가 성장할 때 어떤 기도에 이르게 되는지를 강의한다. 3강에서는 기도 응답을 받는 올바른 자세와 기도 응답을 방해하는 요소들이 무엇인지를 강의한다. 4강에서는 기도가 지·정·의의 인격적인 교통임을 기억하고 지적, 의지적, 감정적 요소들을 어떻게 훈련해야 할 것인가를 살펴본다.[2] 5강에서는 묵상 기도, 통성 기도, 대화식 기도, 금식 기도, 새벽 기도, 침묵 기도, 산 기도 등 다양한 기도 방법들에 대해서 살펴본다. 6강에서는 교회 내의 기도 사역을 총괄하는 팀의 비전을 소개하고 중보기도학교, 기도사역팀, 기도하는 엄마들, 그리고 정기 기도 집회 등 다양한 기도 사역에 대해서 소개해 지속적으로 기도를 배우고 훈련할 것을 권면한다.

강의 진행 방식은 10분 찬양, 70분 강의, 30분 기도 실습으로 진행된다(기도학교의 강의 내용은 필자의 저서인 《기도의 전성기를 경험하라》 전반부를 참고하라).

2) 2단계: 중보기도학교

중보기도 사역은 나만을 위한 기도와는 차원이 다른, 남을 위해서 기도하는 기도 사역이다. 중보기도는 먼저 철학과 신학적인 기초를 이해하고, 하나님이 다른 사람을 위해서 기도하는 것을 얼마나 기뻐하시는지와 기도로 얼마나 놀라운 사역을 할 수 있는가를 깨달을 때 비로소 시작할 수 있다. 이를 위해서는 8회의 강의를 듣고 훈련받는 중보기도학교가 필수 코스다.

중보기도학교 강의 내용과 커리큘럼

강의 내용
1강: 중보기도의 통치권: 왕(1)
2강: 중보기도의 치유: 제사장(2)
3강: 중보기도와 말씀 사역
4강: 병든 자를 위한 기도
5강: 기도의 훈련(지·정·의)
6강: 중보기도단의 권세와 승리
7강: 경호 기도와 여리고 작전
8강: 사역 소개 및 헌약식

1강과 2강에서는 왕이요 제사장으로서 세상을 통치하고 치유하시는 예수 그리스도의 사역에 성도가 어떻게 중보기도로 동참할 수 있는가에 대한 성경적인 기초를 강의한다. 3강에서는 중보기도를 통해서 일어나는 말씀 사역의 부흥에 대해서 다루고, 4강에서는 병든 자를 위한 치유의 기도를 구체적으로 다룬다. 5강에서는 지속적인 기도의 삶을 살아가기 위해서 기도를 훈련해야 할 필요성과 방법을 강의하고, 6강에서는 하나님이 교회에게 주신 기도의 권세가

무엇인지를 이해하고, 그 권세를 어떻게 극대화해 교회 안에서 기도 사역을 펼칠 것인가를 살펴본다. 7강에서는 영적인 지도자들을 경호하고 보호하는 기도의 필요성과 방법을 강의하고, 8강에서는 구체적으로 중보기도 사역을 하는 방법을 알려 주고 참석자들의 헌신을 받는다.

70분 강의, 10분 기도로 진행되는데, 강의의 특성에 따라 기도 시간을 20-30분 정도 갖기도 한다(중보기도학교의 강의 내용은《기도의 전성기를 경험하라》 후반부를 참고하라).

3) 3단계: 기도사역학교

기도사역학교는 중보기도 사역을 수료한 성도들 중에서 기도 사역에 은사가 있는 헌신된 기도 사역자를 발굴해 기도사역팀 구성원으로 세워 지속적인 기도 사역에 헌신하도록 하는 데 목적이 있다.

기도사역학교 강의 내용과 커리큘럼

강의 내용
1강: 주기도문의 중심 내용과 기도 사역
2강: 예수님과 사도들의 기도 사역
3강: 교회사 속에 나타난 기도 사역
4강: 더사랑의교회의 기도 사역의 역사와 현재
5강: 오늘날의 기도 사역의 사명과 비전
6강: 기도사역팀의 사역 소개 및 헌신

1강에서는 주기도문을 강해하면서 주기도문의 중심 사상인 '하나님 나라'에 대해서 공부하고, 하나님 나라와 기도의 관계를 연구함으로써 기도 사역의 신학적인 기초를 다진다. 2강에서는 주기도문의 내용과 사상에 기초한 기도 사역의 모범을 예수님과 사도들을 통해서 살펴본다. 3강에서는 교회사 속에서 주기도문의 정신에 입각한 기도 사역이 어떻게 시행되었으며, 그 결과로 일어난 부흥 운동의 양상이 어떠했는지를 살펴본다. 4강에서는 더사랑의교회가 그동안 진행해 온 기도 사역의 역사와 열매를 돌아보고, 앞으로 진행될 기도 사역의 비전과 전략을 살펴본다. 5강에서는 기도사역팀의 비전과 사명을 다루고, 6강에서는 앞으로 있을 사역 소개 및 헌신 서약을 하고 기도사역팀 구성원이 된 것을 축하하는 시간을 갖는다. 기도사역학교의 강의 내용은 이 책의 내용을 중심으로 한다.

더사랑의교회에서는 1단계 기도학교를 수료하면 교회 내 공적인 기도 집회(수요·금요 기도회, 새벽 기도회, 특별 새벽 부흥회, 전 교인 산상 기도회 등)에 적극적으로 참석해 기도 생활에 힘쓰도록 독려한다. 2단계 중보기도학교를 수료하면 교회의 공식적인 중보기도 사역에 동참하게 한다. 교회에 마련된 중보기도실에서 6개월 동안 사역을 하고 재헌신할 수 있다. 재헌신 시에는 중보기도학교 재수강 기회를 무료로 제공한다.

중보기도 사역을 수료한 성도들 중에 기도 사역에 지속적으로 헌신하고자 하는 이들을 중심으로 3단계 기도사역학교를 실시해 기도사역팀을 구성한다. 기도사역팀은 기도사역학교 수료 후 기도사역팀 가입서를 작성함으로써 가입되고, 1년마다 재가입서를 기록함으로 멤버십이 유지된다. 재가입서는 기도사역팀 i일 정기 수련회에 참석해 작성한다. 기도사역팀원들은 교회 내 기도 집회에 참석하는 것은 물론이고 중보기도 사역에 재헌신하며, 주기도 사역을 감당한다. 기도사역팀원에게는 중보기도학교나 기도사역학교를 무료로 재수강할 기회를 준다.

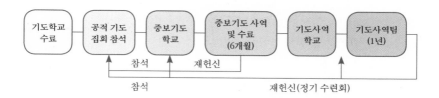

기도사역팀의 비전을 명확히 하라

기도 사역을 할 때 유의해야 하는 것은 하나님이 각자에게 주신 은사나 체험이 다 다르다는 점을 염두에 두어야 한다는 것이다. 우리는 기도하기 위해 한자리에 모였을 때 하나님 나라에 마음을 두고 그 나라를 전심으로 구하기보다 상대방의 체험에만 관심을 기울여 그를 판단하거나 부러워하기 쉽다. 그러면 기도 사역이 자칫 개인적인 영성과 체험, 더 나아가서 신비주의, 체험주의, 은사주의에 머무를 수 있다. 그러므로 기도사역팀에게는 모임의 방향과 목적을 알려주는 명확한 비전이 있어야 한다. 기도사역팀의 비전을 소개하면 다음과 같다.

- 기도를 통해서 하나님 나라가 임하는 것을 소망한다.
- 기도를 통해서 교회 가운데 하나님의 영광이 회복되고, 성도들이 변화되어 세상의 빛으로 드러날 것을 꿈꾼다.
- 기도를 통해서 대한민국과 지역 사회가 변화되고 한국 교회가 부흥의 불길로 타오를 것을 확신한다.
- 기도 사역에 전념함으로써 항상 하나님 나라에 마음을 두되, 기복적 기도나 은사 운동, 체험 운동 등의 방향으로 흐르지 않도록 주의한다.
- 우리의 기도 사역과 모범을 통해 기도 사역의 부흥이 일어나기를 갈망한다.

기도사역팀의 사역을 구체적으로 설정하라

기도사역팀을 결성한 후에는 손놓고 있어서는 안 된다. 기도사역팀원들이 각자의 은사와 열정을 가지고 무슨 일을 해야 하는지를 명확히 알려 주고 헌신하도록 이끌어야 한다. 자격에 합당한 기도 사역 지원자에게 가입서를 제출하게 하는 것이 좋다. 기도사역팀의 사명과 비전에 동의하게 하고, 기도사역팀이 헌신해야 할 사역들을 명확히 제시하고, 무슨 목적을 위해서 기도사역팀에 합류하는가를 알려주고 헌신을 권면해야 한다.

앞으로 소개할 153기도운동, 주일예배 부흥을 위한 기도, 주중 중보기도 사역, 기존의 교회 내 기도 모임 갱신을 위한 그루터기 역할 등이 기도사역팀의 주된 사역이다.

기도사역팀은 담임목사와 신뢰 관계를 유지해야 한다

기도사역팀이 그 역할을 잘 감당하려면 무엇보다 기도 사역자들이 교회와 담임목사를 사랑하고 신뢰해야 한다.[3] 이를 위해서 기도 사역자들과 소통하고 격려해 주는 시간을 정기적으로 가지는 것이 좋다. 1년에 한 번, 연말이나 연초에 기도 사역자 수련회를 개최해 한 해 목회 사역의 주안점과 주력해야 할 중점 기도 제목을 알려 준다. 담임목사가 교회를 이끌어 가는 핵심 목회철학이 무엇인지를 이해할 수 있도록 설명해 주어야 한다. 아울러 해마다 새로운 강의를 준비해 기도 사역에 다시 한 번 헌신하도록 동기를 부여하고, 1년 사역 서약을 이끌어 낸다. 또한 분기마다 기도 사역자들을 격려하는 모임을 가지도록 한다.

2. 기도의 능력은 저절로 생기지 않는다 _ 규칙적인 153기도

이제 기도사역팀을 중심으로 어떻게 하나님 나라를 위한 기도운동을 펼쳐 갈 것인가에 대해 살펴보겠다. 이 내용은 기도사역팀의 사역에 관한 것이자, 한편으로는 교회가 펼쳐 가야 할 하나님 나라 기도운동의 내용이다. 앞에서 잠깐 언급했지만, 성도들이 하루 5분씩 세 번 기도하는 153기도는 주님이 가르쳐 주신 주기도문의 정신과 목적을 따라서 기도하도록 고안된 기도다. 153기도는 기도사역팀의 가장 기본적인 필수 사역이다. 기도 사역자들은 이 사역을 통해서 하나님 나라 기도운동에 직접적으로 참여하며 자신들의 정체성을 날마다 확인할 수 있다.

153기도운동이란?

구약의 성도들은 하루 세 번의 기도 습관을 이어 왔다. 초대교회는 하루 세 번의 기도에 더해서 쉬지 않고 밤낮으로 기도에 전념했다. 중세 그리스도인들과 수도사들은 예수님이 깊이 잠든 제자들에게 "너희가 나와 함께 한 시간도 이렇게 깨어 있을 수 없더냐"(마 26:40) 라고 말씀하셨던 도전에 토대를 두고 날마다 시간을 정해 놓고 기도하는 '성무일도'(divine office)를 지켰다. 심지어 베네딕트수도원에서는 하루 7회, 7시간을 매일 기도와 시편 묵상에 전념했다.

우리는 이처럼 매일 기도하는 규칙적인 훈련을 통해서 쉬지 않고 기도하는 삶을 살 수 있다. 매일 주기도문의 목적과 정신을 따라서 하나님 나라를 위해 기도하자. 다니엘처럼 하루에 세 번 시간을 정해 기도하는 것이다. 그때 기도하는 우리의 마음속에 항상 하나님 나라를 향한 관심이 타오르게 될 것이고, 하나님 나라가 충만히 임할 것이다. 그리고 우리가 늘 마음에 두고 기도하는 자녀와 가정에 하나님 나라, 즉 하나님의 통치가 임하는 체험을 하게 될 것이다. 무엇보다 쇠퇴기에 접어든 한국 교회 가운데 다시 하나님 나라가 임하고, 구원과 해방의 역사가 일어나는 모습을 보게 될 것이다.

153기도 사역 방법

하지만 매일 세 번 기도하는 일을 오래 지속하기란 결코 쉽지 않다. 이를 위해서는 여러 가지 지혜와 아이디어, 그리고 공동체가 필요하다. 하지만 우선적으로 필요한 것은 율법적으로 하루도 빠지지 않고 세 번이라는 횟수를 꼭 지켜야만 기도가 효력이 있을 것이라는 생각을 버려야 한다는 것이다. 하루 세 번 기도에 있어서 가장 중요한 초점은 항상 마음속에 하나님 나라를 향한 소망을 잊지 않고 불타게 하는 것이다. 그리고 그 마음을 가지고 기도드리는 일이다.

그러므로 하루에 세 번 기도하든, 백 번을 기도하든, 한 번 기도하든 횟수는 중요하지 않다. 다만 초대교회가 구약의 기도운동의 습관을 따르며 그 그릇에 내용을 담았던 것처럼, 우리도 하루 세 번 5분씩 기도하는 습관에 하나님 나라를 향한 기도를 담자는 의미다. 따라서 의욕을 가지고 하루 세 번 기도하다가 몇 번 잊었다고 포기할 이유가 없다. 두 번 또는 한 번이라도 매일 기억해 기도하는 것이 중요하다. 일단 하루에 5분 기도를 한 번이라도 꾸준히 하다 보면 곧 두 번이 되고, 세 번이 될 수 있다. 이렇게 지속적으로 매일 기도하면 과거 다니엘이 목숨 걸고 지켰던 기도가 그를 거룩하고 흠 없게 지켰던 것처럼, 그리고 사자 굴에서도 보호해 주었던 것처럼 우리를 지킬 것이다.

지속적으로 153기도 사역을 하려면 지혜와 전략이 필요하다. 가장 좋은 방법은 기도 사역자들을 조로 나누어 조별로 격려하는 것이다. 조장을 세워서 SNS를 이용해 서로 기도 시간을 알려 주거나,

매일 몇 번씩 기도했다는 메시지를 주고받는 것도 좋다. 그리고 일주일에 한 번씩 만나서 교제함으로써 기도를 격려하고 함께 기도하면 더욱 효과적으로 지속될 수 있다.

더사랑의교회는 매주 목요일에 이루어지는 153기도사역팀 기도회에 조장과 함께 참석하기를 독려하고, 한 달에 한 번 한마음(한나의 마음)기도회에 참석해 조별로 모여 기도하고 지난 시간을 점검하도록 독려한다. 한마음기도회는 어머니 기도회 형식으로, 자녀를 위한 153기도문으로 먼저 기도한 후 교회(공동체)를 위한 153기도를 드리는 방식으로 진행한다. 이 기도회에는 모든 어머니와 부모가 참여할 수 있다.

조장들은 단장을 중심으로 함께 모여 각 조에서 나온 아이디어와 조원들의 상황을 공유하고, 153 단장과 함께 전체적인 진행 과정을 소통한다. 이렇게 조장들을 중심으로 한 153기도사역팀은 그 자체로 기도사역팀의 중요한 조직이 된다. 따라서 평소에 이루어지는 153기도 사역 외에 목회자 및 선교사의 기도 후원 조직으로도 가동된다. 단장과 임원들은 긴급한 기도 사역에 관한 내용이 있으면 조장들에게 전화로 연락하고, 조장들은 조원들에게 연락해 실시간 기도로 사역을 후원한다. 이러한 사역을 통해 시시각각 일어나는 복음사역에 성령이 역사하시고 놀라운 승리가 쟁취될 수 있다.

기도 사역자 개인적으로 기도 사역을 보다 잘 수행하기 위해서는 가족이나 다락방 식구들과 함께 할 수 있다. 그 경우 반드시 상대방에게 주기도문 기도 카드의 내용으로 기도하는 것이 왜 중요한지

와 기도하는 방법을 먼저 가르쳐 주고, 함께 기도하며 도와주어야
한다. 그들이 다음에 열리는 기도사역학교에 참가하는 예비 사역자
가 될 수도 있다. 이렇게 기도 사역을 지속하는 데 도움을 받으면서
사역을 확산할 수 있다.

3. 예배를 위해 기도하라 _예배를 위한 준비 기도

찰스 스펄전(Charles H. Spurgeon)이 언젠가 목회 부흥의 비결을 묻는
사람들에게 자신의 교회 지하에서 중보기도 하는 성도들을 보여 주
었다는 일화가 있다. 스펄전이 불 같은 설교를 하며 예배 시간마다
놀라운 부흥과 회심의 역사를 일으킬 수 있었던 것은 바로 예배와
설교자를 위해서 전심으로 기도한 기도의 용사들이 있기 때문이었
다. 이처럼 기도사역팀이 힘써야 할 사역은 주일예배의 부흥을 위해
서 기도하는 일이다.

특별히 주일예배는 주일학교 아이들부터 장년들까지, 모든 성
도가 한자리에 모이는 시간이다. 초신자나 불신자들도 다수 방문한
다. 그러므로 가장 치열한 영적 전쟁이 벌어지는 현장이라고 할 수
있다. 아울러 가장 큰 영적 수확과 열매를 맺을 수 있는 시간이기도
하다. 그러므로 기도의 힘을 주일예배 시간과 그 시간에 드려지는
다음 세대의 예배에 집중할 때 놀라운 성령의 임재와 말씀 부흥의
역사가 일어나고 회심과 각성이 체험된다. 예배의 부흥을 위해 기도

하는 것은 기도사역팀의 가장 중요한 사역이며, 전략적으로도 가장 효율적인 사역이다.

특별히 주일에 드리는 주일예배를 위한 기도에는 큰 능력과 은혜가 있다. 물론 주중에 주일예배를 위해 드리는 기도에도 하나님은 응답하신다. 주일예배를 위한 평상시의 기도가 쌓일 때 우리의 예배 현장에 은혜가 늘 임재하게 된다. 하지만 특별히 치열한 영적 전투가 벌어지고 있는 예배의 현장에서 기도할 때 보다 강력한 역사가 일어난다. 그러므로 주일예배의 분위기는 주일예배 중보기도 현장에서 드리는 기도의 열기에 달려 있다고 해도 과언이 아니다. 말씀에 얼마나 힘이 있는가, 성령의 역사가 사탄의 역사를 이기고 왕성하게 일어나는가를 결정짓는다.

그렇기에 주일 중보기도 인도자는 기도하기에 앞서 기도 사역자들이 한마음이 되어 서로를 기도로 도울 수 있도록 인도해야 한다. 기도는 매우 영적이기에 함께 기도하는 사람을 신뢰하지 못하고 좋아하지 않으면 목소리는 클지 모르지만 능력은 나타나지 않는다. 중보기도자들은 서로에 대해 이해해야만 각자의 다양한 기도 스타일에 대해 거부감을 가지지 않게 되고, 존중하고 포용함으로 연합할 수 있다.

이처럼 강력한 기도가 있을 때 성령이 임재하시고, 비로소 말씀을 통한 복음 전파가 이루어진다. 또한 기도가 살아 있으면 성령이 예배 현장에 민감하게 개입하신다.

필자는 주일예배 1부부터 4부까지 동일한 말씀으로 설교하지만 매 예배마다 청중이 다르기에 역사하시는 성령의 성품도 다르게 경험하곤 한다. 성령이 어떤 경우에는 긍휼의 마음을 주시고, 다음 예배 시간에는 불을 토하게 하기도 하신다. 이처럼 예배를 위해서 기도하면 가장 먼저 설교자가 큰 은혜를 경험한다(이에 대해서는 제7장에서 자세히 나누겠다). 그러나 기도 사역을 통해 은혜를 경험하는 사람은 설교자만이 아니라 기도 사역자 자신이다.

"매 예배마다 예배의 부흥을 위해 기도하는 사역에 참여한 성도들이 어떤 유익을 얻었는가?"라는 질문으로 필자가 섬기는 교회의 기도 사역자들에게 설문 조사를 했다. 1위는 "이 사역을 통해서 말씀 사역자를 돕고자 하는 동역자 의식이 생겨났다"였고, 2위는 "예배를 더 소중하게 생각하게 되었고, 예배가 풍성해졌다"였다. 3위는 "교회에 대한 사랑, 비전, 관심을 가지게 되었다"였고, 4위는 "영적인 전쟁, 주님의 사역에 동참하는 영적인 시야가 열렸다", 5위는 "기도의 지경이 넓어졌다"였다. 그 외에도 주님께 특별한 사랑을 받는 영적인 회복을 경험했거나, 성령 충만을 체험했고, 기도 시간이 늘어났고, 하나님만을 전적으로 의지하는 마음을 얻었다는 대답이 있었다.

설문을 분석해 보면, 주일예배와 말씀 사역자를 위해서 기도하자 예배, 목회자, 교회를 사랑하는 마음과 동역자 의식이 생겨났고, 매주 자기 자신만을 위해서가 아니라 예배를 위해 기도하면서 하나님 나라를 향한 마음과 안목이 열렸다는 사실을 알 수 있다. 중보기도 사역을 통해서 교회도 성장하지만, 기도하는 사역자 자신이 성숙해지고 여러 가지 영적인 유익을 얻게 되는 것이다.

주일예배를 위한 기도 방법

먼저, 주일예배를 위한 기도를 드릴 수 있는 공간을 마련해야 한다. 더사랑의교회는 개척 초기부터 교회 건물을 건축할 때까지 거의 10년간 주일이면 담임목사 집무실을 기도실로 사용했다.

주일 중보기도 단원들은 예배 전에 미리 모여서 잠시 교제를 나눈다. 합심해서 드리는 중보기도의 경우 함께 기도하는 기도 동역자들에 대해서 약간이라도 오해가 있거나 의심스러워 마음이 분열되면 큰 방해를 받기 쉽다. 그러므로 기도 동역자 간의 상호 교제가 매우 중요하다.

주일예배 기도 헌신자는 정해진 예배 시간 10분 전에 기도실에 입실해 기도할 준비를 한다. 잠시 교제를 나눈 후 함께 찬양하면서 마음을 준비하고, 주일 중보기도 사역을 위해 성령 충만을 구하고, 영적 전쟁을 위한 기도를 드린다. 기도하기 위해서 기도로 준비하는 일은 매우 중요하다. 예배가 시작되면 TV 모니터로 중계되는 예배 실황을 보면서 각 순서를 위해 준비된 기도문을 기준으로 합심해 1시간 이상 예배를 위한 중보기도를 드리게 된다. 특별히 설교가 시작되면 중보기도 단원들은 마음을 모아 설교가 끝날 때까지 쉬지 않고 기도한다. 중보기도는 헌금 기도가 끝날 때까지 진행되고, 헌금 순서가 시작될 때쯤 감사 찬양을 드리면서 마무리를 준비한다. 예배가 마치면 서로의 수고를 격려하고, 다과를 나누고, 서로의 기도 제목을 나누고 함께 기도로 마무리한다.

주일예배를 위한 기도 제목을 준비하라

주일예배 각 순서의 예배적, 목회적, 신학적 의미를 담아 온전한 예배가 올려지도록 기도 제목을 준비해야 한다. 기도 사역자들은 준비된 기도문을 중심으로 기도하면 된다. 예배 전 찬양 시간부터 헌금 시까지 약 1시간 10분 정도 기도해야 하기에 기도 제목의 내용이 자세하고 분량이 많다. 몇 번 기도하면 익숙해진다. 처음에는 사전에 몇 번 읽어 오도록 하면 좋다. 그리고 가급적 기도 제목을 보면서 기도하도록 하여 무엇을 어떻게 기도할지를 숙지하게 하는 것이 좋다. 점차 각 순서의 기도 제목이 익숙해지면 기도 제목을 보지 않은 채 성령의 인도하심을 따라 기도하도록 지도한다. 주일예배의 각 순서를 위해서 올려 드리는 기도 제목은 다음과 같다.

예배드리기 10분 전 준비 기도

· **자신을 위한 기도**
오늘도 생명을 주시고, 건강을 주시고, 은혜를 주셔서 이렇게 주 앞에 나와 기도하게 하심을 감사드립니다. 오늘도 저의 부정한 입술과 때묻은 마음과 정결하지 못한 행실을 고백하오니 우슬초로 씻으사 정결케 하소서. 정결한 마음과 정직한 영을 창조하셔서 주님이 받으시는 제물이 되게 하소서. 성령이 기도의 영을 부으시고 제 마음을 주관하사 기도하는 시간이 지루하고 힘든 시간이 아니라 성령께 사로잡혀 기도하는 기쁨과 특권을 누리는 시간이 되게 하소서.

· **영적 전쟁을 위한 기도**

주일예배를 위한 중보기도 사역을 방해하는 사탄의 권세를 파하시고 온전히 기도로 승리하게 하옵소서. 주일 중보기도 사역을 보호하시고 도우소서. 우리를 누르고 있는 악한 영들을 물리치시고 기도의 영을 풍성하게 부어 주소서. 중보기도 장소의 모든 조건을 인도하사 기도에 방해가 되지 않게 하소서.

· **예배를 준비하고 돕는 이들을 위해**

주차 관리를 돕는 주차 안내 위원들의 건강한 영적, 정서적, 육체적 상태를 위해 주차 위원들이 안내할 때 친절함을 주시며 성도들이 잘 순종해 차량의 흐름이 원만하고 효율적인 주차가 이루어지게 하소서. 영상과 음향 상태, 그리고 조명과 실내 온도 등이 잘 준비되게 하소서. 안내 및 봉사 위원들이 밝고 친절하게 봉사해 질서 정연하게 하소서.

· **예배 시작 전 찬양을 위해**

찬양을 인도하는 인도자가 맑은 성대를 유지하게 하시고, 건강을 붙드시며, 성령 충만함으로 모든 회중을 이끌게 하소서. 인도자, 반주자, 싱어들, 온 회중 모두가 하나님의 깊은 임재 가운데 들어가게 하소서.

예배의 앞 순서를 위한 기도

· **부름과 참회의 기도와 찬양 순서를 위한 기도**

찬양 인도자와 사회자의 마음과 생각을 지키시고 성령으로 충만하게 하시며 그의 성대를 지키시고 그의 얼굴을 도우사 회중을 하나님을 진정과 신령으로 예배하는 가운데로 이끄는 자가 되게 하소서. 성도들의 마음에 성령이 감동하사 하나님 앞에 이 시간에 그 마음이 열리게 하시고, 마음에 무거운 짐들이 벗어지고, 기대하는 마음으로 주 앞에 서게 하소서. 성도들이 신앙고백을 할 때 진정한 마음으로 고백하게 하시고, 고백할 때 성령이 그 마음에 믿음을 주시며, 진리가 그들 가운데 새로워지게 하소서. 이 시간에 온 성도가 마음을 합해 찬양을 드리고 있습니다. 성도들의 찬양 중에 거하시는 하나님이여, 영광을 받으시고 임재해 주옵소서.

· 대표 기도자를 위해

온 성도를 대표해 기도하시는 분을 성령이 붙들어 주옵소서. 두렵고 떨리는 그의 마음을 강하고 담대하게 하시어 사람을 의식하지 않고 오직 하나님께 회중을 대표해 기도할 수 있도록 도와주옵소서. 주어진 시간 동안 기도할 때 중언부언하지 않고 시간 내에 효과적으로 잘 기도할 수 있도록 성령이 도와주시옵소서. 이 기도가 하늘 보좌를 흔드는 능력의 기도가 되게 하시고, 교회와 성도들을 위해 기도하는 이 기도를 응답해 주시옵소서.

· 광고를 위해

광고도 예배의 한 부분으로 잘 인식되게 하옵소서. 이 시간을 통해 성도의 교제가 일어나며 교회 공동체에 일어나는 일들에 관심을 가지고 하나가 되는 교회가 되게 하소서. 교회의 중요한 행사나 알림 사항들이 잘 전달되도록 도와주시옵소서. 효율적인 광고 전달이 되게 하시되 지루하지 않고 성도들이 잘 집중하게 하소서.

· 성가대 찬양을 위해

성가대가 주님 앞에 일주일 동안 준비한 찬양을 드립니다. 미리 나와 연습하고 찬양을 드리는 성가대원 한 명, 한 명의 머리 위에 기름 부으사 축복하시고, 그들 자신이 먼저 이 찬양을 통해서 은혜 받는 자들이 되게 하시고, 목소리가 아니라 성가대원 전체의 삶과 인격이 주 앞에 드려지는 시간이 되게 하옵소서. 성령의 기름을 부으시고 감동으로 역사하소서. 영으로 찬양하며 온 성도가 함께 "아멘"으로 화답하며 드려지는 찬양이 되게 하소서. 지휘자에게 은혜와 영감을 주시고 피아노 반주자와 지휘자의 호흡이 잘 맞으며 성가대원들이 지휘자의 지휘에 맞추어 조화롭고 아름다운 찬양을 올려 드리게 하소서. 성가대가 하나님의 사랑으로 하나 되고, 주님 앞에 정결한 제사장이 되게 하시며, 모일 때 사랑과 기쁨이 넘쳐나게 하시고, 성가대에 필요한 사람들을 보내 주소서.

· 성경 봉독을 위해

성경을 봉독할 때 이 성경 봉독이 단지 설교를 위한 준비가 아니라 하나님의 말씀 자체가 선포되고 들리는 시간이 되게 하소서. 말씀을 봉독하는 목사님의 성대와 마음을 지키사 듣는 이들이 잘 깨닫고 그 마음에 부딪히게 하시며 함께 봉독하는 성도들도 전심으로 봉독하며 이 말씀에 집중하게 하옵소서.

말씀 선포와 찬양, 기도를 위해

· 설교 시간을 위해

1) 설교자를 위해

목사님께 성령의 두루마기를 입혀 주시고 말씀의 권능으로 함께하옵소서. 그 입술에서 전파되는 말씀이 권능 있고 권세 있게 하옵소서. 이 말씀이 말로만 아니라 성령과 능력과 큰 확신으로 선포되게 하옵소서. 그 육체의 건강을 붙들어 주시고 성대를 보호하여 주사 건강하고 아름다운 목소리로 말씀하게 하옵소서. 마음을 붙들어 주시고, 마음에서 생수의 강이 흘러넘치며, 마음에 근심이나 불안이나 염려나 사탄의 모든 공격을 막아 주시고, 오직 성령이 그 마음을 은혜와 평강으로 지켜 주옵소서. 지혜를 주셔서 준비하신 말씀이 생각나게 하시고, 성령이 그 입술에 학자의 혀를 허락해 주시옵소서.

목사님 자신이 먼저 하나님만 바라보며 예배하는 자가 되게 하시고, 사람을 의식하지 않고 담대함으로 하나님만 의지하게 하옵소서. 설교를 듣는 청중과 민감하게 영적 교통을 이루게 하사 성도들과 크게 공감되는 시간이 되게 하소서. 설교를 듣는 성도들의 영적 상태나 반응을 잘 파악할 수 있는 영적인 분별력을 주시고 성령의 민감함으로 말씀을 자유롭게 증거할 수 있도록 인도하소서. 설혹 설교가 준비된 대로 되지 않더라도 당황하지 않으며, 오히려 성령의 자연스런 인도하심을 의지하도록 언어 구사력과 필요할 때마다 순간적 지혜가 성령에 의해서 주어지도록 역사하소서.

2) 설교를 듣는 성도들을 위해

설교자뿐만 아니라 설교를 듣는 성도들 역시 설교를 잘 듣고 이해할 수 있는 총명과 지혜와 계시의 영을 주옵소서. 열린 마음을 주사 설교자의 말씀을 하나님의 말씀으로 듣게 하소서. 넓고 비어 있는 마음을 주사 겸손하게 하시고 하나님의 은혜와 말씀으로 채우게 하소서. 열린 귀를 주셔서 학자처럼 알아듣는 자들이 되게 하옵소서. 열린 눈을 주사 설교를 들을 때 하늘의 비밀이 열리는 것을 볼 수 있게 하옵소서. 적극적인 자세를 주소서. 특별히 설교의 맥을 효율적으로 이해할 수 있도록 도와주시고 자신의 삶에 적용하는 능동적인 자세를 주옵소서. 설교의 내용 중 어떤 한 부분이 자신이 처한 현실에 대한 하나님의 음성으로 들리게 하소서. 설교를 들으면서 하늘의 기쁨과 영광을 체험하게 하옵소서.

3) 설교 시간 중에 일어나기 원하는 하나님의 역사를 위해
하나님의 영광과 임재가 드러나게 하옵소서. 예수 그리스도의 십자가와 영광의 광채가 비치는 시간이 되게 하소서. 성도들이 말씀을 들을 때 찔림과 회개와 구원과 영적 대각성이 일어나게 하소서. 말씀을 통해 하나님의 위로를 경험하며, 상처 입은 자가 치유되고, 절망한 자가 소망을 얻으며, 두려워하는 자들이 용기를 얻게 하옵소서. 설교를 통해서 깨어진 관계가 회복되게 하소서. 가정에서 부부 관계 및 자녀 관계가 회복되고, 직장과 사회의 깨어진 관계들이 회복되게 하소서. 신앙생활에 나태해진 성도들이 잠에서 깨어나고, 영적 긴장을 회복하며, 권능 있는 성도들이 되게 하셔서 세상의 증인으로 담대히 일어나게 하옵소서.

4) 설교 시간의 분위기를 위해
본당 전체의 분위기가 성령의 임재로 뜨거워지며 소란한 잡음이 없게 하소서. 본당 이외의 여러 비디오실에서 드리는 예배의 분위기 역시 본

당의 분위기와 같이 충만하고 안정되게 하소서. 설교에 방해되는 돌발적인 사건이 발생하지 않게 하소서. 각종 기계 장치나 스피커 등 방송과 관련된 제반 장치가 잘 작동하게 하소서. 설교 후 성도 상호 간에 인사를 나눌 때 진실한 마음으로 서로 격려하게 하소서.

· 이 시간에 드려지고 있는 주일학교 예배를 위해

이 시간에 예배를 드리고 있는 주일학교에서 설교하는 교역자와 아이들을 가르치는 교사들을 성령으로 충만하게 하소서. 주일학교 아이들이 이 예배 시간에 어른들과 동일한 마음으로 예배하게 하시며, 동일한 은혜로 그들 가운데 함께해 주소서. 어릴 때 예수님을 만남으로 변화되는 생애가 되게 하소서.

· 설교 후 찬송과 결단의 기도 시간을 위해

전심으로 드리는 찬양이 되게 하소서. 설교를 통해 얻은 은혜를 새롭게 다시 인식하는 시간이 되게 하소서. 새로운 다짐과 각오와 헌신과 결단을 이 시간에 하게 하셔서 세상으로 향할 때 두려움 없이 담대하며 소망을 가지게 하소서.

예배의 마무리를 위해

· 헌금 시간을 위한 기도

인색한 마음이나 억지가 아니라 기쁘고 자원하는 심령으로 드리게 하소서. 헌금을 드리면서 물질을 탐하고 돈을 사랑하는 욕심이 씻겨 가게 하소서. 헌금을 드리는 자에게 축복하시는 하나님의 축복을 경험하게 하사 곡간이 차고 넘치도록 하시고, 그래서 이후에 더 많이 드릴 수 있는 축복을 받게 하소서. 형편이 어려워 마음껏 드리지 못하는 성도들을 하나님이 위로하시고, 과부의 두 렙돈을 귀하게 보신 하나님을 새롭게 만나게 하시고, 헌금으로 인해 마음 상하는 일이 없게 하소서. 헌금 위원들이 진지하고도 엄숙하게, 주님과 성도들을 극진히 섬기는 자세를 갖게 하소서. 도난 사고 등 불미스러운 일이 일어나지 않게 하소서. 귀한 헌금이 하나님의 나라를 위해 소중하게 쓰이게 하시고 쓰일 때마다 복음의 확산이 일어나게 하소서.

· 축도를 위한 기도

주여, 성도들에게 당신의 종을 통해 주시는 축복이 그대로 이루어지게 하소서. 진정 성자 예수님의 은혜와 성부 하나님의 사랑과 성령 하나님의 교통하심과 능력이 예배드리고 돌아가는 모든 성도에게 충만히 임하게 하시옵소서. 모든 성도가 진정 하나님의 축복을 받는 마음으로 고개를 숙이게 하옵소서.

· 축도 후 돌아가는 성도들을 위한 기도

들은 말씀을 마귀가 노략질하지 않게 하시고 그 말씀에 믿음으로 화합해 일주일의 삶 속에 열매를 맺게 하소서. 돌아가는 발걸음을 지키사 안전하게 하시고, 주일을 주님 안에서 안식하며 가정 가운데 평강으로 지키소서. 예배가 교차될 때 혼잡이 없도록 질서 정연하게 하소서. 세상 가운데 빛과 소금이 되게 하소서. 담임목사님을 도우사 다음 예배를 잘 준비하시며 예배 중간에 여러 가지 만남이나 중요한 결정들을 내리실 때 지혜를 주시고 목사님의 마음을 방해하는 사탄의 세력을 멸하소서.

주일 설교 준비를 위한 중보기도가 필요하다

정말 중요한 영적 싸움은 설교 준비 과정에서 일어난다. 마귀는 설교자가 말씀을 준비하지 못하도록 여러 가지로 방해한다. 그래서 더사랑의교회에서는 기도사역팀과 중보기도단 임원들이 매주 토요일 새벽 기도회 후 담임목사의 주일 설교 준비와 예배를 위해 기도한다.

이 기도의 초점은 말씀 연구에 집중할 수 있는 내적, 외적 환경이 준비되고, 이를 방해하는 세력을 대적하는 데 있다. 또한 성령의 조명하심으로 말씀을 보는 눈을 열어 주시고, 깊은 묵상을 통해 은혜의 샘물을 길어 올릴 수 있도록 기도한다. 필요한 예화와 찬양을 주시도록 함께 기도한다. 또한 묵상한 말씀이 원고로 잘 옮겨지도록 질서 정연한 논리를 위해서 기도한다. 마틴 로이드 존스의 말을 빌리자면, 설교는 불 붙은 논리(logic on fire)다. 불만 필요한 것이 아니라 생각을 찔러 쪼개는 예리한 말씀의 논리도 필요하다. 이를 위해서는 중보기도의 뒷받침이 필요하다.

4. 중보기도 사역을 활성화하라 _ 중보기도 사역팀 세우기

혹시 기도 사역과 중보기도 사역을 혼동하는 분이 있을지 모르겠다. 사실 둘은 큰 차이는 없다. 다만 더사랑의교회에서 중보기도 사역을 이수한 사람들을 대상으로 기도사역팀을 결성하기에, 이 책에서는 중보기도 사역을 기도사역팀의 전 단계 사역으로 이야기하고 있음을 밝힌다.

필자가 중보기도 사역을 처음 배운 것은 지구촌교회 이동원 목사님의 세미나를 통해서였다. 당시 사랑의교회에서 영성 훈련 사역을 처음 맡으며 기도 사역을 활성화해 보라는 옥한흠 목사님의 지시를 받고 연구하던 중에 달려간 곳이었다. 당시 중보기도학교 강의를 들으며 큰 깨달음과 도전을 받았다. 무엇보다 중보기도 사역은 학교처럼 모든 성도가 참여할 수 있도록 시스템화가 가능했다. 당시 필자가 사랑의교회를 사임할 때까지 4년간 중보기도 사역을 하면서 3,000여 명이 수료했고, 현재 더사랑의교회에서도 약 1,600명이 수료했다.

중보기도 사역이 지속적으로 이루어짐으로써 교회 내에 기도를 통한 치유와 목양 사역이 자체적으로 이루어지고 있을 뿐 아니라, 이 사역에 참석하는 성도 수가 많아짐으로써 교회가 기도에 깨어 있게 되었다. 또한 성도들이 담임목사와 더불어 기도 동역자 마인드를 갖게 되는 경험을 했다. 그러므로 중보기도 사역은 교회를 기도 체질로 만드는 데 있어서 아주 효율적인 사역이라고 할 수 있다. 더사랑의교회는 중보기도 사역을 개척 때 시작해 지금까지 이어 오고 있다. 기도사역팀은 중보기도 사역이 교회 내에 체질화되고 시스템화되도록 힘써야 한다. 이제 중보기도 사역의 특성과 유익과 진행 방법을 간략하게 살펴보도록 하겠다(중보기도 사역에 대해 더 알고 싶다면 이동원 목사님의 목회자를 위한 세미나, 더사랑의교회 중보기도학교에 참석할 것을 추천한다).

교회 내 주중 중보기도 사역의 특성과 장점

주중 중보기도는 성도들 한 명, 한 명의 기도 제목, 긴급한 기도 제목, 교회 사역과 목회자의 사역, 우리나라와 선교 등 각처의 일들을 가지고 일주일 내내 365일 기도하는 기도 릴레이다. 이처럼 성도들이 지속적으로 기도할 때 가정마다 주님이 찾아가셔서 그곳에 하나님 나라가 임하고 치유가 일어나는 경험을 함으로써 교회 내에 늘 하나님의 통치와 능력이 머무는 것을 느낄 수 있다.

특별히 중보기도 사역은 목회자가 직접 인도하지 않고 훈련받은 기도 사역자들이 자발적으로 시스템에 따라 참여한다는 장점이 있다. 기도에 열정이 있는 성도들을 훈련해 중보기도 사역을 맡기면 많은 열매를 얻을 수 있다.

중보기도 사역의 장점을 정리하면 다음과 같다. 첫째, 개인적인 기도가 아니라 철저히 성도와 교회, 나라와 민족을 위해서 기도하는 사역이다. 둘째, 기도 사역자들의 자발적인 헌신에 의해서 이루어진다. 셋째, 기도가 쉼 없이 드려짐으로 주님이 성도들 가운데 친히 목양하시는 일들이 일어난다. 필자 개인적으로 볼 때, 교회를 개척하고 지금까지 쉼 없이 중보기도 사역이 이루어짐으로써 얻은 유익은 이루 말할 수 없을 정도다. 기도가 쉬지 않고 올려지는 한 교회는 언제나 승리하고 많은 열매를 맺는다.

중보기도 사역, 이렇게 진행하라

이해를 돕기 위해 더사랑의교회를 모델로 삼아 중보기도 사역을 어떻게 진행하고 있는가를 설명하겠다. 더사랑의교회는 중보기도 사역을 위해 중보기도를 위한 2개의 기도실과 행정 사무실을 준비해 놓았다. 각 예배실에는 누구나 중보기도를 요청할 수 있는 기도함이 부착되어 있고, 중보기도 요청을 위한 일반기도카드와 긴급기도카드, 기도응답카드가 비치되어 있다. 중보기도실에는 성도들이 요청한 기도 제목과 교회와 나라의 기도 제목이 섬김이들에 의해 매일 혹은 매주 업그레이드되어 준비된다. 기도 내용은 철저히 하나님 나라의 도래에 초점을 두고, 성도와 교회, 그리고 나라를 위해서 기도하도록 구성되어 있다. 훈련받은 성도들이 매주 1시간을 기도 시간으로 작정하고, 기도실에 들어가서 훈련받은 대로 기도하면 된다.

구체적인 실행 방법을 간략히 소개하면 다음과 같다. 성도들은 약속된 시간에 기도실에 도착한다. 사전에 알려 준 비밀번호를 입력한 후 중보기도실에 입실한다. 이때 출석부에 반드시 서명하도록 해 중보기도 사역에 책임 있게 동참하고 있는지를 점검한다. 기도하기 전에 마음을 준비하도록 하고, 1시간 사용 지침에 제시해 놓은 대로 60분 동안 시간 분배를 잘해서 기도하도록 한다.

중보기도 제목을 적어 놓은 카드를 앞쪽에서부터 한 장씩 넘기면서 기도하고, 기도한 제목까지 카드를 뒤로 넘겨 놓고 퇴실함으로써 다음 기도 사역자가 연이어서 기도할 수 있도록 한다. 이로써 기도 요청자들의 기도를 골고루 할 수 있게 했다. 또한 자신이 원하는 기도만 해서는 안 되고, 임의로 카드를 바꾸거나 고칠 수는 없다. 기도가 끝나면 기도 편지[4]를 작성하고, 나가면서 기도 응답 게시판[5]을 보고 하나님께 감사와 찬양을 드린다.

기도 헌신자가 중보기도실에 들어가서 기도할 수 있는 시간은 1시간이다. 이 시간을 효율적으로 사용해 기도하도록 돕기 위해 1시간 사용 지침을 마련해 기도실에 붙여 놓았다. 그 방법은 다음과 같다.

- 찬양 및 묵상 기도(5분)
- 긴급 기도 제목을 위한 기도(5분)
- 일반 기도 제목을 위한 기도(10분)
- 교회의 성령 충만과 능력을 구하는 기도(5분)
- 가르치는(Teaching) 교회를 위한 기도(5분)
- 치유하는(Healing) 교회를 위한 기도(5분)
- 전파하는(Evangelizing) 교회를 위한 기도(5분)
- 교회 지도자를 위한 기도(5분)
- 지역 사회와 국가의 현안을 위한 기도(5분)
- 선교사를 위한 기도(5분)
- 기도 응답에 대한 감사와 찬양(또는 기도 편지 작성, 5분)

주중 릴레이 중보기도 사역의 유익

중보기도 사역이 교회에 미치는 영향은 대단하다. 이 사역을 통해서 그동안 교회가 누린 열매와 목회자가 경험한 혜택은 제7장에서 소개하겠다. 여기서는 주중 중보기도 사역에 참여한 성도들의 반응을 소개하고 싶다. 그들을 대상으로 설문 조사를 한 적이 있는데, 사역에 참여함으로 얻은 유익 1위는 "다른 사람의 마음을 알게 되고,

그들을 향한 긍휼의 마음을 가지게 되었다"는 것이었다. 예를 들어, 기도 사역에 참여한 한 성도는 이렇게 간증했다. "각각의 기도 제목을 놓고 기도할 때 아버지께서 긍휼의 마음을 주신다. 그래서 모르는 분인데도 기도 제목을 놓고 기도할 때 슬픔과 통곡으로 기도하게 되고, 그분의 마음을 공감하게 된다. 그때마다 중보기도의 중요성을 간절하게 느끼곤 한다."

2위는 "하나님의 일하심에 동참하는 의식을 품게 되었다. 하나님의 마음을 알게 되었다"였고, 3위는 "기도의 지경이 넓어졌다"였다. 한 성도는 이렇게 간증했다. "성도와 목회자, 교회 부서, 선교사, 국가를 위해 기도하다 보니 기도의 지경이 넓어지고, 교회에 대한 관심과 애정이 구체적으로 생기고, 개인적인 문제가 해결되는 경험을 했다."

그 외에 하나님을 더욱 의지하게 되었고, 영성이 회복되고 깊어졌고, 거룩한 삶을 살게 되었고, 기도의 중요성을 알게 되었고, 성령 충만해졌고, 구체적이고 체계적으로 기도하게 되었고, 영적인 시각이 생겼고, 기도 시간이 늘어났고, 어떤 식으로 하나님 나라를 위해서 기도해야 하는지 알게 되엇고, 교회에 대한 관심과 애정이 구체적으로 생겼다는 응답이 나왔다.

조사 결과, 다른 어느 기도보다도 중보기도 사역에 동참한 성도들이 기도에 대한 하나님의 마음을 더 깊이 느끼고 있다는 사실을 발견할 수 있었다. 6개월 동안 기도 사역에 참여해 다른 사람을 위해서 기도하고 주의 나라를 위해서 마음을 쏟는 중보기도 사역자들이 얻는 유익은 참으로 풍성하고 놀랍다.

5. 교회의 기도 유산을 활용하라 _기존의 기도 모임 갱신하기

기도 사역자들을 중심으로 힘써야 하는 일 중에 하나는 기존의 전통적인 기도 모임을 활성화하는 것이다. 안타깝게도 많은 기도 모임이 생명력 없이 명맥만 유지하고 있고, 어떤 경우 흔적조차 사라지고 있다. 새로운 기도 모임을 가지는 것도 필요하겠지만, 기도운동의 오랜 유산을 하나님 나라 기도운동의 도구로 활용하는 것이 더욱 좋다. 이는 교회를 기도의 공동체로 만들어 가는 데 훨씬 효율적이다.

심야 기도회를 살려라

한국 교회에는 밤을 지새워 기도하는 금요 철야 기도회라는 소중한 기도의 유산이 있다. 하지만 바쁜 일상으로 점차 금요 철야 기도회가 금요 심야 기도회로 대체되었고, 지금은 이마저도 참석률이 저조한 실정이다. 그런데 최근에는 토요일이 휴일이 되면서 시간을 내어 기도하기에 금요일만큼 좋은 시간이 없다. 그러므로 금요 심야 기도회를 잘 기획해 진행한다면 성도들이 큰 은혜를 경험하게 될 것이다.

다만 한 가지, 교회마다 소그룹 모임이 활성화되면서 금요일 밤에 모이는 경우가 많아 금요 심야 기도회를 효율적으로 운영하기가 더욱 어려워진 교회가 많다. 더사랑의교회도 매주 금요일 저녁이면

남자 다락방, 부부 다락방, 여직장 다락방 등 많은 소그룹이 가정이나 교회 소그룹실에 모여 밤늦게까지 교제와 말씀 공부와 기도에 힘쓰고 있다. 따라서 금요일에 심야 기도회를 진행하기가 어렵다.

따라서 어떤 교회는 토요일 새벽을 활용하기도 한다. 수요예배를 활용하는 것도 좋다. 우리는 수요일에 드리는 예배를 '수요예배'라고 부르지만 사실 장로교 예배 모범에 의하면 수요예배에 대한 언급이 없다.[6] 다만 기도회에 대해서 정기적으로 모일 수 있다고 기록하고 있을 뿐이다.[7] 수요예배는 정기 예배가 아니라 새벽 기도회처럼 기도회로 시작되었다. 즉 주중의 한가운데 날인 수요일에 모여서 기도회를 가졌던 것이다.

오늘날 수요예배가 단지 찬양하고 말씀을 듣고 마치는 모습은 모임의 본래 취지를 살리지 못한 면이 있어 안타깝다. R. A. 토레이(R. A. Torrey)는 교회에서 기도회가 가장 중요한 모임이 되어야 하고, 실제로 기도회가 올바르게 이행되기만 하면 가장 중요한 모임이 될 수밖에 없다고 말했다.[8] 교회 내의 모임은 예배와 기도회가 균형을 이루어야 한다. 한국 교회의 능력은 기도회에 있었는데, 점차 기도회가 사라지고 예배로 대치되고 있는 상황이다. 필자는 한국 교회가 점차로 잃어 가고 있는 기도의 능력을 회복하기 위해서 수요 기도회를 잘 활용할 것을 제안한다.

더사랑의교회는 고심 끝에 수요 저녁 예배 시간을 심야 기도회로 디자인해 모이기 시작했다. 개척 초기에는 간헐적으로 수요예배를 몇 주간씩 심야 기도회 방식으로 진행하다가, 2005년 3월부터는 본격적으로 수요 심야 기도회로 전환해 지금까지 이르렀다.

물론 이 시간은 대부분의 성도들이 다음 날 출근해야 하기 때문에 기도에 전념하기가 매우 어려운 것이 사실이다. 하지만 수요예배라는 형식이 한국 교회에 존재하는 한, 또 하나의 예배보다는 원래 취지인 기도회로 갱신한다면 많은 성도가 수요 기도회 시간을 유용하게 여겨 교회를 찾게 될 것이다.

1) 심야 기도회의 장점

가장 큰 장점은 성도들이 마음껏 부르짖어서 기도할 수 있다는 데 있다. 하나님은 부르짖어 기도하라고 말씀하셨다(렘 29:12-13; 눅 18:7). 성도 개인적으로나 교회, 혹은 국가적으로 부르짖어서 기도해야 할 제목들이 매우 많다. '부르짖는다'라는 말은 단지 소리를 지른다는 의미보다는 주님을 향한 간절한 마음을 소리를 내어 표현하는 것으로서, 전심으로 기도하는 것을 의미한다. 하나님은 전심으로 자신을 찾는 자를 만나 주겠다고 말씀하셨다(대하 16:9; 렘 29:13). 한국 교회의 무능력의 원인은 전심으로 부르짖는 기도를 상실한 데 있다.

수요 심야 기도회의 한 참석자는 이렇게 말했다. "예배당에서 유일하게 부르짖어 기도할 수 있는 시간이라 함께 기도할 수 있는 것만으로도 좋다." 또 다른 성도는 "내 마음의 답답한 기도 제목들을 목청껏 소리 내어 기도함으로 개인적으로 하나님과 영적 교감을 느끼는 시간이라고 할 수 있다"고 고백했다. 그러므로 교회는 성도들에게 함께 모여서 부르짖어 기도할 수 있는 장을 반드시 마련해 주어야 한다.

또한 온 교회가 마음을 합해서 정기적으로 합심기도를 드릴 수 있다는 것이 심야 기도회의 큰 장점이다. 성경에는 많은 합심기도 사례가 나온다. 오순절 성령 강림도 마음을 같이하여 오로지 기도에 힘쓸 때(행 1:14) 이루어졌다. 베드로가 옥에 갇혔을 때도 교회가 그를 위해 간절히 기도했기에 옥문이 열리는 기적이 일어났다(행 12:5). 구약의 이스라엘 백성은 민족적으로 어려움을 당하면 함께 모여서 부르짖어 금식하며 기도했다(삼상 7:5-9). 예수님은 우리가 땅에서 합심하여 기도하면 하늘에 계신 아버지께서 들어주신다고 약속하셨다(마 18:19).

오늘날 교회는 온 교우가 함께 모여서 정기적으로 합심기도를 드릴 수 있는 시간이 필요하다. 하나님의 전은 기도하는 집이 되어야 한다(마 21:13). 교회는 교인들을 위해서만이 아니라 지역 사회를 위해서 기도의 중심지가 되어야 한다.[9] 주님이 가르쳐 주신 기도는 개인의 기도가 아닌 공동체적인 기도다. 수요 심야 기도회는 주기도의 가르침을 적용할 수 있는 최적의 시간이다.

2) 심야 기도회를 하나님 나라 중심의 기도회로 이끌라

더사랑의교회는 수요 심야 기도회의 중점을 두 가지로 둔다. 첫째는 성도들이 개인적인 기도 제목을 마음껏 부르짖도록 하는 것이고, 둘째는 교회가 마음을 합해 주의 나라를 위해서 기도하도록 하는 것이다.

수요 심야 기도회에는 개인적인 문제들을 가지고 온 성도들이 많다. 그러므로 먼저 마음속에 있는 무거운 기도의 짐들을 기도로 충분히 풀어 놓게 한다. 먼저 교회와 민족을 위해서 기도하도록 하는 것은 효율적이지 않다. 성도들은 염려와 근심을 기도로 하나님께 맡긴 후에야 온 마음을 다해서 하나님 나라를 구하는 기도에 전념할 수 있다.

하나님 나라를 구하는 기도는 앞서 제시한 두 가지 기도 방법을 따른 것으로, 첫째는 성령을 구하는 기도를 드린다. 먼저 성령에 관한 찬송 및 찬양을 몇 곡 부르는데, "불길 같은 주 성령"(새찬송가 184장), "성령이여 임하소서", "우리 함께 기도해", "마지막 날에", "허무한 시절 지날 때" 등을 주로 부른다. 찬양을 뜨겁게 부른 후 10분 정도 성령의 능력과 성령 충만을 구하는 기도를 드린다. 그 후 성령 충만한 교회가 가르치고, 치유하고, 전파하는 교회가 되기를 구체적으로 간구하는 시간을 갖는다.

이상을 순서로 정리하면 다음과 같다. 순서 중간중간에 찬양을 부르면서 기도회를 인도한다.

- 회개와 감사의 기도(5분)
- 개인적인 기도 제목을 간구하는 기도(15분)
- 성령을 구하는 기도(15분, 찬양 포함)
- 가르치는(Teaching) 사역을 위한 기도로서, 말씀의 부흥과 예배 설교, 목회자를 위한 기도(5분)
- 치유하는(Healing) 사역을 위한 기도로서, 환우를 위한 기도와 치유 기도(10분)
- 전파하는(Evangelizing) 사역을 위한 기도로서, 선교사와 나라와 민족을 위한 기도(5분)
- 마무리 기도(5분)

3) 심야 기도회의 유익

수요 심야 기도회에 출석하는 성도들을 대상으로 심야 기도회에서 얻은 유익에 대해 설문 조사를 했다. 1위는 "환우를 위한 기도, 교회와 열방을 위한 기도를 통해서 기도의 지경이 넓어졌다"는 응답이었고, 2위는 "성령 충만을 경험하고, 영성이 회복되고, 마음이 치유되었다", 3위는 "마음이 답답했는데 주님께 마음껏 부르짖어 기도한 것이 좋았다", 4위는 "찬양을 통해 기도가 깊어졌다"였다. 그 외에 기도에 대한 확신이 생겼고, 기도가 성장했고, 기적을 체험했고, 마음이 평안해졌다고 응답했다.

조사 결과 성도들이 자신만을 위해서 기도하는 것보다 하나님 나라를 위해서, 다른 사람들을 위해서 기도하는 것에 큰 기쁨을 누리고 있다는 사실을 알 수 있었다. 또한 그들은 지속적으로 성령을 구함으로 성령 충만과 은혜를 경험했다.

특별 새벽 부흥회에 특별한 은혜가 있다

현대인들의 분주한 라이프스타일은 저녁 집회에 어울리지 않는다. 특별히 더사랑교회가 위치한 용인과 수원 지역은 지역 특성상 많은 사람이 새벽에 출근하고 저녁 늦게 퇴근한다. 그래서 개척 초기부터 새벽 부흥회를 자주 열었고, 현재는 1년에 봄, 가을 각각 2주간씩 특별 새벽 부흥회를 진행한다. 특별 새벽 부흥회는 더사랑의교회의 기도와 말씀 훈련의 근간이 되는 아주 중요한 집회로 자리매김했다.

1) 특별 새벽 부흥회의 성격

더사랑의교회의 특별 새벽 부흥회는 말씀과 기도의 부흥에 초점을 둔다. 봄에는 봄 방학 기간에 진행해 온 가족이 함께 참석하도록 하고, 외부 강사를 초청해 풍성한 말씀과 기도 축제로 운영한다. 가을에는 담임목사가 성경 한 권, 또는 한 가지 주제를 선정해 2주 동안 깊이 있는 말씀 선포와 기도회로 진행한다. 특별히 집회를 봄, 가을 각각의 학기가 시작되기 전에 진행함으로써 다락방 모임, 훈련 사역, 부서별 전도 활동 등의 본격적인 시작을 앞두고 영적으로 재충전하는 시간으로 삼는다.

2) 특별 새벽 부흥회의 장점

특별 새벽 부흥회는 2주간 새벽을 깨움으로써 일상 속에서 경건의 체질을 만드는 데 도움을 준다. 평소에 기도를 게을리하던 성도들이 집회 기간이면 영적으로 각성하고 주님을 경험하는 체험을 하게 된다. 온 교회가 독려하다 보니 평소에 새벽 기도회에 나오지 않던 성도들도 한 번 나왔다가 도전과 은혜를 받는다.

다음은 특별 새벽 부흥회 참석자의 소감이다. "새벽 예배를 시작하게 된 계기가 특별 새벽 부흥회를 통해서였다. 새벽에 그렇게 많은 인원이 참석한다는 것이 신앙생활을 처음 하던 나에게는 충격적인 사건이었다. 주일예배의 분위기와는 너무나 다른 뜨거움이 특별 새벽 부흥회 가운데 있었고, 1년에 두 번 있는 특별 새벽 부흥회를 통해 기도하는 습관을 훈련하게 되면서 기도의 자리를 더 사모하게 되었다."

또한 특별 새벽 부흥회는 자녀와 부모가 함께 참석하기에 가정의 영적인 분위기를 조성하는 데 큰 유익을 준다. 심지어 아이들이 먼저 참석을 결심하고 부모가 따라 나오기도 하고, 봄 특별 새벽 부흥회에는 고 3 수험생들이 개근을 하기도 한다. 이를 통해 가정이 회복되고 충만해지는 계기를 마련해 주고 있다.

봄에는 성도들이 다양한 강사들을 통해 특별한 말씀과 은혜를 경험하며 새로움과 다양성, 그리고 포용성 있는 영성을 함양한다. 가을에는 성도들의 신앙생활에서 부족한 부분이나 교회적으로 꼭 필요한 말씀을 담임목사가 성도들과 깊이 나눌 수 있다는 장점이 있다.

특별 새벽 부흥회 기간에는 아침 일찍 출근하는 성도들을 위해서 특별히 교회에서 아침 식사를 제공한다. 2주간이라는 짧지 않은 시간이지만 평균 출석률이 어느 집회보다 높다.

3) 하나님 나라를 구하는 특별 새벽 부흥회

특별 새벽 부흥회 기간은 새벽인지라 기도 시간이 길지 않다. 어느 때보다 많은 성도가 2주간이라는 긴 기간 집회에 집중한다는 장점이 있지만, 기도 시간이 짧다는 단점도 있다. 하지만 새벽 시간이기에 맑은 정신으로 말씀에 집중할 수 있다. 그러므로 새벽에 2주간 매일 약 40-50분간 말씀에 집중하면 매우 놀라운 영적인 진보와 성숙을 경험하게 된다.

아울러 말씀에 은혜를 받은 후 이어지는 20분간의 기도회는 비록 시간은 짧지만 어느 때보다 깊이 있는 기도로 충만하다. 기도회는 매일 새벽 담임목사가 직접 인도하며, 20분간 3가지 정도의 기도 제목으로 나누어서 온 교우가 통성으로 부르짖어 기도한 후 개인적으로 기도하고 돌아간다. 새벽 합심기도회의 기도 제목은 대체적으로 이미 선포된 말씀에 초점이 맞추어져 있다. 따라서 말씀을 따라서 기도하다 보면 자연스럽게 주기도문의 정신과 뜻에 맞는 기도를 올려 드리게 된다.

특별 새벽 부흥회는 성도들의 집중력과 본당을 가득 메운 열기, 그리고 말씀이 주는 풍성한 은혜로 인해서 영적인 충만과 몰입도가 매우 높다. 합심기도회를 통해 성령을 체험하고, 영적 각성을 맛보며, 삶이 변화된 체험 등 간증이 흘러넘친다.

특별 새벽 부흥회의 순서는 다음과 같다. 새벽 4시 50분에 시작하며, 10분간 찬양을 드린다(4:50-5:00). 사회자가 새벽에 기도하러 온 성도들을 격려하고 서로 교제한 후 광고를 하고 부서별로 준비된 특송을 부른다(5:00-5:10). 설교자가 약 40분간 말씀을 전한 후(5:10-5:50) 담임목사의 인도로 20분 정도 합심기도 시간을 갖는다(5:50-6:10). 그 후 자유롭게 개인적으로 기도하고, 교회에서 준비한 음식으로 아침 식사를 하고 출근한다.

4) 특별 새벽 부흥회의 유익

특별 새벽 부흥회에 참석한 성도들을 대상으로 한 설문 조사 결과, 1위는 "영적인 회복과 성장의 터닝 포인트가 되는 시간이었다"가 가장 많았고, 2위는 "말씀을 근거로 기도한 것이 좋았다", 3위는 "하나님이 고난을 이길 위로와 평안을 주셨다", 4위는 "새벽 예배를 시작하게 되었고 기도의 삶을 살게 되었다"였다. 그 외에 부지런해졌고, 기도의 사명을 깨달았고, 복음을 증거하는 삶을 살게 되었고, 하나님의 나라와 의를 위해서 기도하게 되었고, 가족과 하나 되었다는 응답이 있었다.

이를 통해 2주간 이어지는 특별 새벽 부흥회가 성도들에게 새로운 영적인 삶을 결단하도록 촉구하는 기회가 되었다는 것을 알 수 있다. 아울러 새벽에 말씀을 깊이 있게 듣다 보니 기도가 말씀을 위주로 올려지면서 점차 하나님 나라 중심으로 변해 갔다.

산상 기도의 야성을 회복하라

더사랑의교회는 1년에 4회, 주일예배 후에 전 교인 산상 기도회를 가진다. 주일 오후 3시에 교회에서 출발해 안성에 있는 사랑의교회 수양관에서 오후 4시부터 밤 9시까지 집중 기도 집회를 가진다. 과거 한국 교회 산상 기도회의 전통을 적용한 집회다. 비록 온 교우가 산에 올라 기도하는 것은 아니지만 집을 떠나 산중에 있는 수양관에서 기도하는 그 시간은 어떤 때보다 더 간절하고 성령의 뜨거운 은혜와 능력을 경험하는 기회를 제공해 준다.

1) 산상 기도회의 장점

과거에는 산에 가서 밤 새워 부르짖어 기도하고, 기도원에 가서 여러 날 기도하고 돌아오는 일이 많았으나 현대 교인들은 너무 바빠서 기도의 영성을 점점 잃어버리고 있다. 그런 면에서 전 교인 산상 기도회는 잃어버린 산 기도의 영성, 기도원 영성을 맛보는 새로운 경험을 제공해 준다. 익숙한 교회 환경을 떠나서 수양관으로 차를 타고 떠나는 시간부터 은혜를 받아야겠다고 결단하기에 첫 시간부터 사모하는 마음이 가득하다. 또한 4시간 정도 말씀과 기도에 집중하기에 분위기가 뜨겁고 충만하다.

2) 성령의 특별한 은혜를 구하는 산상 기도회

산상 기도회는 1부와 2부로 진행된다. 수양관에 도착하면 성도들은 로비에서 등록을 한 후 예배실에 입장하고, 이후 찬양과 기도회가 이어진다. 찬양 후 15분 정도 개인 기도를 한 후에 기도 카드를 나누어 주고 개인의 기도 제목, 교회(소속 부서)의 기도 제목, 나라의 기도 제목을 적게 한다. 먼저, 2명씩 짝을 지어서 서로의 기도 제목을 나누고 함께 기도한다. 이번에는 4명씩 짝을 지어 교회의 기도 제목을 나누고 기도한다. 마지막으로 8명씩 짝을 짓고 나라를 위한 기도 제목을 나누고 합심하여 기도한다.

1부 순서는 다음과 같다. 30분간 영감 있는 찬양 시간을 가진다(4:00-4:30). 부교역자의 인도로 약 1시간 기도회를 진행한다(4:30-5:30).

1부 찬양과 기도회를 마치면 저녁 식사 후 2부 집회로 이어진다. 주 집회인 2부에는 먼저 찬양을 20분 정도 하는데, 주로 성령의 은혜와 능력을 사모하는 찬양을 함께 드린다(6:50-7:10). 그 후 약 50분 정도 담임목사가 하나님의 말씀을 나눈다(7:10-8:00). 이때 설교의 주제는 주로 성령의 임재와 영적 각성, 부흥에 초점을 맞춘다. 이어지는 기도회에서는 전적으로 하나님 나라의 도래를 위해 기도한다.

저녁 기도회는 70분간 드리는데(8:00-9:10) 다음과 같은 순서로 진행된다. 첫째, 선포된 말씀을 바탕으로 회개 기도를 드린다. 둘째, 주기도의 정신을 따라 성령 충만과 능력을 구하는 기도를 드린다. 특별히 산상 기도회에서는 가장 많은 시간을 성령을 구하는 기도에 할애한다. 셋째, 성령의 능력으로 가르치고, 치유하고, 전파하는 사역이 왕성하게 일어나도록 기도한다.

구체적인 기도 제목은 다음과 같다. "가르치는 사역(Teaching)을 통해 주의 통치가 임하게 하소서. 개인과 교회에 말씀의 부흥이 일어나게 하시고 사람들이 회개하고 순종하게 하소서. 가정과 교회에 예배의 부흥이 일어나게 하시고 말씀을 전하는 교역자에게 말씀의 권능을 더하소서. 주일학교, 소그룹, 훈련 등의 사역이 왕성하게 부흥되게 하시고, 섬기는 교사들에게 능력을 더하소서(이때 교사들을 일으켜 세워서 기도한다). 전파하는 사역(Evangelizing)을 통해서 사람들이 주께 돌아오게 하소서. 성령의 권능을 주사 입을 열어 담대하게 복음을 전하게 하소서. 온 교회 가운데 구령의 열정을 주시고 전도의 문을 열어 주시옵소서. 복음을 듣는 사람들이 주께로 돌아오게 하소서. 교회 내 전도팀과 이웃사랑팀을 축복하시며 선교사들에게 능력을 부으소서(이때 전도팀 섬김이들을 일으켜 세워서 기도한다). 치유하는 사역(Healing)을 통해서 하나님 나라의 생명과 풍성함을 경험하게 하소서. 예배 중에 치유가 일어나게 하소서. 함께 모여 기도할 때 치유를 경험하게 하소서(이때 교회 내 긴급한 중환자들을 위해서 기도하고, 환우들을 일으켜 세워서 온 교우가 그들의 치유를 위해 합심기도 하고, 아울러 각자 아픈 곳에 손을 얹고 그들을 위한 치유의 기도를 기도 인도자가 드린다)."

넷째, 공동체의 평안을 위해 기도한다. 일용할 양식을 위한 기도로서, 참석한 성도들의 경제적인 필요를 믿음으로 간구한다. 용서하는 기도로서, 관계가 막힌 사람들과의 회복을 위해서, 용서하고 사랑하는 삶을 위해서 기도한다. 유혹과 마귀를 대적하는 기도로서, 세상의 유혹과 시험을 이기는 기도를 드리고 마귀를 대적하는 기도를 드린다.

3) 산상 기도회의 유익

설문 조사에 따르면, 산상 기도회에서 받은 유익으로서 1위는 "통성으로 부르짖어 기도함으로 깊은 기도를 경험하게 되었다"는 것이었다. 2위는 "교우들과 기도로 하나 되는 경험을 했다", 3위는 "기도의 영성을 회복하고 치유를 경험했다", 4위는 "말씀을 통해 기도가 깊어지는 은혜를 경험했다", 5위는 "뜨거운 찬양으로 깊은 기도로 들어갈 수 있었다"였다. 설문 응답을 보면 1위와 3위가 깊은 기도, 기도의 영성에 대한 것이다. 사모하는 만큼 어느 때보다 성령 충만한 은혜를 경험하게 되는 것 같다.

6. 기도 인도자의 영성을 훈련하라 _기도 인도자의 자격

합심기도회는 기도 인도자의 영성이 분위기를 좌우한다고 해도 과언이 아니다. 피터 와그너는 합심기도회에 사람들이 잘 참석하지 않는 이유에 대해 첫째는 기도회가 지루하다, 둘째는 개인적인 욕구가 충족되지 않는다, 셋째는 큰 소리로 기도하는 법을 모른다, 넷째는 성령이 역동적으로 일하시는 느낌이 없다, 다섯째는 기도해도 아무 일도 생기지 않는다는 의견을 말했다.[10] 결국 기도회는 인도자가 얼마나 준비되었는지와 그의 영성에 좌우된다는 것을 알 수 있다. 그러므로 기도회를 인도하는 교역자들의 영성을 위해서 항상 기도해야 한다.

영감 있는 기도회를 위해서 인도자가 준비해야 할 몇 가지 사항을 제안하면 다음과 같다.

인도자가 먼저 부르짖는 기도의 영성을 훈련해야 한다

가장 좋은 방법은 개인적으로 부르짖는 기도 훈련을 많이 하고, 과감하게 기도회를 인도해 보는 것이다. 기도에는 왕도가 없다. 직접 부딪혀서 익히는 수밖에 없다.

더사랑의교회 주일예배 중보기도 모임은 장로님들이 인도하신다. 그런데 어느 해 연말에 한 장로님께 내년 주일예배 중보기도 한 부를 맡아 달라고 부탁드렸다. "예"라고 답하신 장로님은 그때부터 걱정이 되셨다. 그래서 새해에 기도회를 인도하기 전 아직 남은 연말의 몇 주간을 다른 장로님이 인도하시는 주일예배 중보기도회에 참석해 배우기로 하셨다. 장로님은 모두가 1시간 넘도록 부르짖어서 기도하는 그 시간에 자신도 온 힘을 다해서 부르짖어 기도하셨다. 그런데 놀랍게도 소리를 내어 부르짖는 순간에 기도문이 열리면서 말할 수 없는 은혜를 경험하셨다. 이처럼 기도 인도자는 무조건 부르짖어서 기도하고, 직접 기도 인도를 하면서 배워야 한다.

기도에 대해서 늘 긍정적으로 가르치고 기도를 도전하라

기도 인도자가 말씀을 전하면서 기도의 부작용을 이야기하거나 "이렇게 기도하면 안 된다"는 등 부정적인 내용을 말하면, 성도들은 기도를 정말 어렵게 생각하게 된다. 기도는 이론으로 마스터하고 시작할 수 있는 것이 아니기에 실제로 기도하도록 격려하고, 기도하면서 배울 수 있도록 도와야 한다. 수영 강습을 받을 때를 생각해 보라. 이론만으로는 수영을 할 수가 없다. 물속에 들어가 물에 몸을 맡겨야 수영을 배울 수 있듯이 기도하면서 기도를 배우게 된다는 사실을 항상 기억해야 한다. 그러므로 어떻게 기도해야 할지를 가르쳐라. 기도의 유익과 바른 기도의 실제적인 자세를 구체적으로 가르쳐 주어야 한다.

또한 기도는 수준 높게 해야 바른 것이 아니라 자기 수준에 맞게 시작하는 것이 가장 옳다. 기도는 지·정·의의 인격적인 활동으로서, 주님과의 관계를 통해서 성장해 갈 수 있다. 수준에 맞지 않는 기도는 자신의 지·정·의를 드린 진솔하고도 인격적인 활동이 될 수 없다는 사실을 알아야 한다. 기도가 자라지 않는 것이 문제이지, 수준은 전혀 문제가 되지 않는다. 자기 수준에 맞지 않는 기도는 허위적인 경건의 모양일 뿐이다.

목회자 역시 하나님 앞에서는 목자의 도움이 절실한 한 마리 어린 양에 불과하다. 따라서 마음속에 필요나 고통스런 문제가 있다면 먼저 기도해야 한다. 믿음으로 기도를 드림으로 하나님 앞에 문제를 내려놓고 나서야 비로소 하나님께 마음을 향하게 된다.

물론 예수님은 "너희는 먼저 그의 나라와 그의 의를 구하라"(마 6:33)라고 말씀하셨다. 이 말씀에서 주목해야 하는 것은 순서가 아니라 중요성이다. 반드시 먼저 하라는 의미가 아니라 마음속 가장 중요한 위치에 두라는 뜻이다. 음식점에서 요리를 주문하면 가장 중요한 음식은 에피타이저로 입맛을 돋우고 위를 달랜 후에야 나온다. 마찬가지로 근심과 걱정거리 때문에 답답한 마음을 안고 주의 나라를 구하기란 쉽지 않다. 진정으로 주의 나라를 구하기 위해서는 먼저 마음속 고통을 기도로 덜어 내야 하는 것이다. 이것이 온전히 그의 나라를 '먼저' 구하는 기도다.

따라서 기도 인도자는 성령 충만을 구하는 기도에 앞서 나 자신의 문제를 위해 기도하는 시간을 가져야 한다. 마음의 짐을 덜은 후 온전히 성령을 구하고, 성령의 능력으로 교회와 나라와 민족을 위해 기도하며 마무리하는 것이 좋다. 물론 기도회 순서는 성령의 인도하심을 따라 바꿀 수 있다. 다만 기도 인도자는 기도하는 성도들의 마음 상태에 민감할 필요가 있다는 사실을 기억하자. 성도들에게 기도를 가르치는 것이 중요하지, 기도를 어렵게 느끼게 해서는 안 된다.

말씀과 기도에 맞는 찬양을 미리 섬세하게 준비해야 한다

준비된 찬양을 찬양팀 반주자들과 미리 연습해 맞추어 보고, 음향 상태도 사전에 점검해야 한다. 반주가 매끄럽지 않거나 싱어들의 화음이 맞지 않거나 음향 상태가 불안정하면 기도회에 많은 방해가 되기 때문이다.

찬양곡은 세심하게 선정해야 하고, 성경적으로나 신학적으로 문제가 없는지를 고려해야 한다. 선포되는 말씀을 잘 반영하는 곡이 좋고, 찬양을 부를 때 마음속에 말씀이 자연스럽게 떠오르면 가장 좋다. 찬양이 말씀과 동떨어지면 곡조와 분위기에 의존하게 되지만,

말씀과 어울리면 곡조에 의존하지 않아도 은혜 속으로 깊이 들어갈 수 있다. 또한 찬양은 기도회의 방향과도 조화를 이루어야 한다. 제시하는 기도 제목을 적절하게 반영해 찬양을 부르면 마음속에 기도하고자 하는 마음이 준비된다.

성령의 인도하심에 민감해야 한다

성령을 의지해 담대하게 기도회를 인도하고, 성령이 이끄시는 영적 정서에 민감해야 한다. 성령의 기름 부으시는 은혜가 있으면 시간에 매이지 말고 성령께 주도권을 드려야 한다. 기도 제목의 흐름을 잘 선정해 회개와 믿음을 구하는 기도로 시작하고, 개인의 기도 제목을 놓고 기도한다. 주기도의 정신을 따라 성령 충만을 간구하고, 성령의 능력으로 가르치고, 치유하고, 전파하는 일이 개인과 교회를 통해 일어나도록 기도한다.

통성 기도를 이끌 때 발성에 유의해야 한다

기도 인도자가 마이크를 잡고 발성을 너무 분명하게 하면 회중의 기도에 방해가 될 수 있다. 반면 소리를 내어 기도하지 않으면 분위기를 주도할 수가 없다. 적당한 크기의 발성을 사용해 영감 있게 기도함으로써 기도회의 전체적인 분위기를 주도해야 한다. 또한 성도들에게는 소리를 내어 마음껏 부르짖어서 기도하도록 권면해야 한다. 평소 새벽 기도회 때는 기도 소리가 자기 귀에 들릴 정도로 작게 기도해 옆 사람에게 방해가 되지 않도록 주의하고, 심야 기도회, 특별 새벽 부흥회, 전 교인 산상 기도회 때는 마음껏 부르짖어 기도하도록 한다.

기도 응답을 나누라

기도 제목을 가지고 간구하는 일뿐 아니라 함께 기도한 기도 제목이 어떻게 응답되었는지를 성도들과 자주 나누어야 한다. 기도 응답을 나누고 때로 간증할 때 성도들은 더욱 기도하고자 하는 격려를 받고 믿음으로 기도하게 된다.

담임목사가 기도회를 직접 인도하는 것이 좋다

피터 와그너는 성도들이 담임목사를 합심기도회의 최고의 지도자로 인식하지 않으면 교회가 제대로 운영되기 어렵다고 분명히 말했다.[11] 담임목사가 기도하는 모범을 보이는 것이 중요하다. 담임목사는 강단에서 늘 기도의 중요성을 강조해야 한다. 무엇보다 목회자는 기도회 인도에 자신감이 있어야 한다. 설교도 훈련이 필요하듯이, 기도회 인도 역시 훈련해야 한다.

다소 부담이 될지라도 반복해서 기도회를 인도하는 훈련을 하면 기도 인도자의 영성이 준비될 수 있다. 담임목사가 직접 기도회를 인도할 때 전 교회가 기도하는 분위기로 나아갈 수 있다.

하나님 나라 / βασιλεια του θεου / 기 도 운 동

6

하나님의 역사를 이루려면
기도운동을 이어 가라

• 기도운동의 6단계 •

이 장에서는 더사랑의교회가 개척 시부터 기도 사역을 어떻게 진행했는지, 기도운동이 어떤 열매를 가져왔는지를 나누려고 한다. 한 교회가 개척해 성장하는 동안 겪는 어려움, 갈등과 위험 요소들은 거의 비슷하다. 그러므로 어려움과 문제를 기도를 통해 어떻게 해결해 왔는가를 나누는 것은 교회를 개척하기 위해서 준비하는 목회자나 기성 교회를 담임하고 있는 목회자에게 좋은 자료가 되리라 생각된다. 그리고 이 책을 읽는 많은 평신도 기도 동역자들에게는 교회의 어려움과 위기를 이해하고 기도로 동역하는 일이 얼마나 중요한가를 알려 주는 소중한 기회가 되리라고 생각한다.

지역의 종교적인 뿌리와 영적인 정서

더사랑의교회는 2003년 사랑의교회의 후원으로 수지 지역에 '수지 사랑의교회'라는 이름으로 개척을 했다.[1] 수지구는 용인시의 북서 구에 위치해 있으며, 1990년부터 택지개발지구로 지정되어 1994년 말부터 1996년 3월까지 수지1지구가, 1999년까지 수지2지구가 개 발되면서 사람들에게 알려졌다. 서울, 분당, 수원 등 주변 대도시와 의 교통이 편리해 용인시에서는 가장 개발된 지역이었으며, 용인시 거주 인구의 약 3분의 1인 30만 명이 거주하고 있었다.[2]

종교적으로 보면, 수지는 불교와 유교의 오랜 전통이 토착화된 지역이었다. 특히 교회 주변에 유교 사당이 있고 정암 조광조 선생 의 묘가 보존되어 있다. 그리고 심곡마을은 교회가 위치했던 상현동 의 가장 큰 마을로, 명칭을 줄여서 '서원말'이라고도 부른다. 이는 당 시 교회 앞에 조광조 선생을 모신 심곡서원이 자리하고 있기 때문이 었다. 심곡서원은 홍선대원군의 강압적인 사원철폐령이 시행될 때 도 존속된 몇 안 되는 서원 중 하나다. 그 때문인지 이 마을은 유교를 숭상하는 원주민들이 서당을 중심으로 제사를 지내는 전통을 지금 도 이어 가고 있다.

또한 수지는 광교산 자락에 위치하고 있는데, 사실 유교 이전에 불교의 뿌리가 훨씬 깊었던 곳이다. 문헌에 따르면, 본래 광교산의 명칭은 광악산(光嶽山)으로, 928년 왕건이 후백제 견훤을 평정한 뒤이 산의 행궁에 머물면서 군사들을 위로하고 있을 때 산 정상에서 광채가 솟아오르는 모습을 보고는 '부처가 가르침을 내리는 산'이라 하고, 기운이 하늘에 뻗친 것이 부처의 혼령이라고 해서 불교를 취해 '광교'(光敎)라고 이름을 지었다고 한다.[3] 그래서 지금도 광교산에는 많은 사찰이 있다.

이처럼 불교와 유교의 영향 때문인지 수지는 영적으로 매우 혼란스러운 지역적 양상을 보인다. 신도시임에도 불구하고 곳곳에 무당 점술집이 있고, 길거리에서는 점술이나 무속을 홍보하는 현수막을 심심찮게 찾아볼 수 있는 것이 단적인 증거다. 개척 당시 목회자들로부터 들었던 수지의 영적인 정서는 매우 강퍅했고, 실제로 많은 교회가 어려운 상황에 처해 있었으며, 여러 목회자들이 시험에 넘어져 방황하는 성도들이 많았다.

개척 당시 지역적, 세대적인 특성

당시 수지 지역은 새로운 아파트 건설로 입주한 이주민이 대부분을 이룬 신도시였지만, 다른 신도시처럼 계획적으로 형성된 도시가 아니라 난개발로 이루어진 도시였다. 여타 수도권 외곽의 신도시들처럼, 수지에 사는 사람들은 상대적으로 분당과 서울에 대한 열등의식이 많았다. 그래서 수지에 정착하기보다는 잠시 머물다가 이사 갈 생각을 하는 경우가 많았다. 그런 이유로 이사를 와도 교회는 여전히 이전에 다니던 서울과 분당 지역으로 다녔다.

2003년 당시 교회 전도팀이 수지의 아파트 5,610세대를 방문 전도하며 교패를 조사한 결과 기독교가 15.7%, 천주교가 6.2%였다. 전도팀이 가까운 수원의 아파트들을 대상으로 조사한 결과인 기독교 26.7%, 천주교 6.1%와 비교해 볼 때 수지 지역의 기독교 비율은 현저히 낮았다. 아마도 이사를 와서 아직 교회를 정하지 못한 사람들이 많았기 때문으로 추정했다. 또한 교패를 분석한 결과, 서울, 분당 등 수지 외 지역의 교회들, 특별히 대형 교회를 다니는 사람들이 전체의 40% 정도로 조사되었다.[4] 당시 수지의 주민들이 가지고 있던 서울, 분당 지역에 대한 열등감이 영적인 부분에도 고스란히 나타난 것이었다.

또한 개척 당시 수지에는 주로 30대 젊은 층과 60대 이상의 노년층이 주를 이루고 있었다. 수지가 자연과 공기가 좋다는 이유와 대형 평형의 아파트가 많아서 은퇴한 세대들이 많이 선택했기 때문이고, 아울러 서울에 직장을 둔 젊은 층이 전셋값이 급등해 이사 온 까닭이었다. 그렇다 보니 교회의 구성원들도 30대에서 40대 초반과 60대 이상이 주를 이루었다. 아이가 어느 정도 자라서 시간적인 여유와 경제력이 있는 40-50대층이 현저하게 부족한 상황이었다. 그래서 교회가 성장해도 중심적으로 일할 일꾼이 항상 부족했다. 또한 이사 오는 사람들이 많았지만 해가 바뀔 때마다 이사 가는 성도들 역시 많았기에 교회는 성장했으나 늘 불안정한 상황이 지속되었다.

수평이동 신자들의 기성 교회에 대한 상처와 불신
당시 교회에 등록한 성도들은 수지 신도시로 이사해 교회를 옮긴 수

평이동 신자들이 많았다. 그런데 그들 중에 많은 수가 교회와 목회자에 대해 상처와 불신을 가지고 있었다. 성도들이 받은 상처와 실망은 쉬 가라앉지 않았다. 그들은 교회 중심부에 들어와서 헌신하기를 두려워하며 늘 주변을 겉돌았고, 항상 목회자를 의심스러운 눈초리로 바라보았으며, 조금만 기대에 못 미치면 비판적인 언사를 서슴지 않았다. 또한 내면의 상처들로 인해서 서로를 포용하기보다는 작은 일에 상처를 주고받는 일들이 잦았다. 이렇게 상처 입고 마음을 닫은 성도들의 마음을 열고 함께 교회를 세워 나가기란 여간 힘든 일이 아니었다.

교회 개척 초기의 급성장과 불안정한 상황

더사랑의교회(구 수지사랑의교회)는 개척 초기부터 급성장했다. 그 요인은 첫째, 환경적으로 당시 수지의 상현 지구, 성복 지구, 신봉 지구가 새로 개발되어 입주했기 때문이고, 둘째, 수지 지역의 젊은 세대들이 자녀 교육에 관심이 많다는 점을 파악해 주일학교 교육에 초점을 맞춘 것이 주효했으며, 셋째, 사랑의교회의 건강한 브랜드 이미지가 교회 성장의 발판이 되었던 것 같다.

하지만 이처럼 급작스럽게 모여든 성도들은 먼저 교회에 대해 관망하는 태도를 가진 경우가 많았고, 언젠가 이사를 가야 한다는 생각을 가지고 있기에 교회에 깊이 뿌리내리지 못했으며, 훈련이 안 된 미성숙한 신자들이 대부분이었다. 따라서 교회는 살얼음판을 걷는 듯 불안정한 상태였다. 제자훈련 등 말씀 양육에 전력을 쏟았지만 하루아침에 성숙한 평신도 지도자가 생겨날 수는 없었기에 당시는 오직 하나님의 은혜만을 바라보며 기도의 무릎을 꿇지 않을 수 없었다.

부교역자 시절의 중보기도 사역 경험

필자는 사랑의교회에서 중보기도 사역을 이끈 경험이 있었다. 3,000명이 넘는 중보기도 사역자들을 훈련시키고, 그들이 교회와 목회자를 위해서 쉬지 않고 기도하도록 사역을 펼쳤었다.[5] 그 결과 교회가 더욱 성장했고 수많은 성도의 삶 가운데 치유와 회복이 일어나는 모습을 경험했다. 그러므로 교회가 처한 상황을 돌파하려면 반드시 기도 사역을 해야 한다고 생각했다. 혼자서 새벽마다 기도하는 것으로는 부족하다고 느꼈기에, 교회를 위해서 기도로 동역할 평신도 기도 사역자들을 훈련해 세우는 일을 최우선적인 과제로 삼았다.

2. 기도하는 분위기를 만들라   _기도 분위기 조성하기

최우선적으로 해야 할 일이 기도 사역이라는 상황을 인식하기는 했지만, 모여든 성도들 대다수는 기도 훈련이 안 된 상황이었다. 당장의 기도 자원도 부족했지만, 전체 성도들이 기도 사역의 필요성을 공감하지 못하고 있었다. 그래서 기도 사역을 펼치기에 앞서 기도하는 분위기를 조성하고 성도들이 기도의 열정을 가지도록 이끌어 주어야 했다. 이 고민은 새벽 기도회의 부흥과 은혜로 자연스럽게 실마리를 찾게 되었다.

새벽 기도회 활용

한국 교회의 독특한 유산 중 하나는 길선주 목사로부터 시작된 새벽 기도회다.[6] 오늘날 더사랑의교회가 있게 된 것도 새벽 기도회의 은혜 때문이라고 말할 수 있다. 수지 지역의 많은 성도가 주일에 분당이나 서울에 있는 교회를 다녔지만, 새벽이나 주중에는 수지 지역에 있는 교회를 다녀야 하는 상황이었다. 그 때문인지 더사랑의교회가 창립한 후 새벽 기도회를 시작한 첫 주부터 많은 성도가 새벽 기도회에 출석했다. 한두 달 정도가 지났을 무렵 새벽 기도회에 출석하는 성도 수가 70명을 넘어 80명에 육박했다. 주일 출석 인원의 약 10% 정도가 새벽 기도회에 참석하는 것이 일반적인 통계인데, 개척 당시 70-80명의 새벽 기도회 인원은 주일 출석 인원의 약 50-60%에 해당하는 숫자였다. 참석자 절반은 더사랑의교회 등록 성도들이고, 나머지는 타 교회 성도들이었다.

새벽 기도회는 이제 막 개척해서 성장하는 교회에 큰 유익이 되었다. 새벽에 늘 교회에 나와 기도하는 성도들은 기도 훈련이 어느 정도 되어 있다. 따라서 비록 타 교회 성도들이었지만 그들로 인해서 새벽 기도회의 분위기가 더 충만해졌다. 새벽 기도회의 열기를 통해서 더사랑의교회 성도들의 기도가 더욱 깊어졌다. 결국 새벽 기도회의 부흥이 자연스럽게 기도 사역을 위한 토양이 되었다.

개척 후 제4차에 걸친 특별 새벽 부흥회[7]

새벽 기도회와 더불어 더사랑의교회의 중요한 기도 훈련의 장으로 자리매김한 것은 특별 새벽 부흥회다. 5월 창립 후 한 달 반 후인 6월에 제1차 전 교인 특별 새벽 부흥회를 진행했고, 3개월 후인 9월에 제2차 특별 새벽 부흥회를 열었다. 당시 중보기도와 영적 전쟁에 대한 강력한 은혜가 있었다. 그리고 다시 3개월 후인 2004년 1월에 제3차로 신년 특별 새벽 부흥회를 했다.

한 달 후인 2월부터 40일간 특별 새벽 부흥회를 진행했다. 새벽 기도회의 부흥과 세 차례에 걸친 특별 새벽 부흥회를 통해서 기도 분위기가 고조된 상황인지라 40일간의 특별 새벽 부흥회에 당시 출석 성도의 80%가 참여했고, 거의 절반이 40일 개근을 했다. 이로 인해 기도가 체질화되면서 기도의 깊이가 한 단계 심화되는 특별한 집회가 되었다. 예수님을 만나고 은혜를 받아 뜨거워졌다.

이렇게 특별 새벽 부흥회를 통해서 더사랑의교회의 기도 사역의 분위기는 한층 무르익어 갔다. 그 후로 지금까지 특별 새벽 부흥회를 1년에 봄, 가을 두 차례, 한 번에 2주간씩 13년째 지속하고 있으며, 큰 은혜의 통로가 되고 있다.

수요 심야 기도회 시작

더사랑의교회의 중요한 합심기도의 장으로 오늘까지 자리 잡은 기도 모임은 수요예배 후에 이어지는 수요 심야 기도회다. 앞서 언급했듯이, 더사랑의교회는 금요일 저녁에 부부 및 직장인 다락방 모임이 가정에서 이루어졌고 이 소그룹이 부흥하고 있었다. 따라서 수요예배를 수요 심야 기도회로 바꾸어 금요 심야 기도회를 대체했다. 그 시작은 창립 첫해 9월부터 진행된 8주간의 수요 심야 기도회에서 비롯했다.

수요일 저녁 8시에 시작해서 9시에 예배가 마치면 10시 30분까지 1시간 30분 동안 함께 부르짖으며 기도하는 수요 심야 기도회는 성도들의 기도 능력이 배가되는 장이 되었다.

이러한 기도의 장들이 더사랑의교회 내 기도의 분위기를 깊어지게 했고, 성도들이 점점 기도의 은혜를 사모하며 기도하고자 하는 열망을 가지게 되었다. 기도하는 교회의 체질로 서서히 변화되어 갔다.

3. 기도 사역을 시스템화하라 _중보기도학교 세우기

중보기도학교 시작

창립 첫해에 더사랑의교회는 새벽 기도회, 특별 새벽 부흥회, 그리고 수요 심야 기도회에 이르기까지 기도에 전념했고, 그 결과 어느덧 기도 사역의 터전이 마련되었다. 그래서 2003년 9월 29-30일 이틀간 제1차 중보기도학교를 진행했다. 당시에 총 42명의 성도들이 중보기도학교를 수료했으며 이들 대부분은 교회의 평신도 지도자들로서 교회의 중심 일꾼들이었다. 중보기도학교를 수료한 42명 중에 총 35명이 6개월간 중보기도 사역에 성실히 참여해 교회를 위해 기도하기 시작했다.

주일예배를 위한 중보기도 사역 시작

중보기도학교를 수료한 기도 사역자들은 주일 중보기도 사역과 주중 릴레이 중보기도 사역에 헌신하게 되는데, 당시 2부로 진행되던 주일예배를 위해서 1부에 8명, 2부에 15명이 헌신했다.

당시 예배당은 상가 4층에 있었고, 주일이면 밀려드는 성도들로 인해서 장소가 비좁고, 휴대 전화 벨소리 등으로 매우 혼잡스러워서 설교에 집중하는 데 많은 방해가 있었다. 한편 교회 밖에서는 1층에 있는 음식점과 많은 마찰을 빚으며 매주 전쟁을 치렀다. 또한 주일학교 공간이 부족해 옥상에 천막을 치고 사역을 했기에 사고의 위험이 상존했다. 이러한 상황 속에서 기도 사역자들은 장년 주일예배와 주일학교 예배의 안전을 위해 매 주일예배 시간에 모여 집중적으로 기도를 드리기 시작했다.

성도들의 주중 릴레이 기도 사역 시작

또한 중보기도학교를 수료한 성도들 대부분은 주중에 릴레이 기도 사역에 참여했다. 당시 상가 복도에 있는 창고를 개조해 중보기도실로 만들어서 월요일부터 토요일까지 매일 새벽 기도회 후 6시부터 밤 11시까지 1시간씩 시간을 정해 릴레이로 교회와 성도들을 위한 중보기도를 시작했다. 교회에 대한 큰 부담감을 안고 있던 목회자의 입장에서 성도들이 일주일 내내 교회를 위해서 줄을 이어 가며 쉬지 않고 중보기도를 올려 드리는 모습을 보면서 얼마나 큰 위로와 힘을 얻었는지 모른다.

4. 기도 사역의 열매를 바라보라 _교회에 일어난 실제적인 변화

설교자의 담대한 말씀 선포

성도들에 의해서 펼쳐지는 기도 사역의 효과는 매주 예배를 인도하는 목회자가 가장 민감하게, 직접적으로 경험한다. 예배를 위한 중보기도 사역이 시행되기 전에는 항상 예배 시간에 영적인 방해를 받았고 준비한 설교를 은혜롭게 전하지 못할 때가 많았다. 하지만 기도 사역이 시행된 이후부터 지금까지 영적인 방해를 넉넉히 이기게 되었고, 담대하게 설교할 수 있었다. 특히 설교자를 위한 기도 사역자들의 토요 중보기도 모임 덕분에 방해받지 않고 설교 준비에 집중할 수 있었다.[8]

감동적인 예배와 성도들의 영적인 각성

아울러 기도 사역을 시행한 후 예배 분위기가 확연히 달라졌다. 예배 전부터 성도들이 주님의 임재를 경험하며 기도로 준비하는 모습이 눈에 띄었고, 대표기도나 예배 찬양, 성가대의 찬양 등이 진행될 때 눈물을 흘리는 모습이 종종 보였다. 설교 후 찬양과 기도 시간에는 많은 성도가 눈물로 회개하고 결단하는 모습을 볼 수 있었다. 설교가 시작되기도 전에 이미 성도들의 마음이 준비되어 있기도 했다.

기도 사역으로 예배 시간마다 영적인 각성이 일어났고, 살아 계신 하나님의 임재를 체험하는 일들이 나타났다.[9] 지금도 더사랑의교회 강단에 서면 그 어느 곳에서보다 하나님의 임재를 강력히 느낀다.

성도들의 내면과 가정의 치유

기도사역팀은 목회자와 교회 사역을 위해서 기도할 뿐 아니라 성도들이 제출하는 기도 제목을 가지고 쉼 없이 기도한다. 그렇다 보니 성도들의 중보기도 사역을 통해서 큰 유익을 얻게 된다. 목회자가 일일이 심방을 가지 않아도 중보기도실에서 1년 365일 올려지는 릴레이 중보기도 사역을 통해서 성도들의 가정에 치유, 구원, 기도 응답의 유익과 열매들이 얼마나 풍성히 나타나는지 모른다. 이 사역이 얼마나 귀한지, 필자는 목회자들에게 중보기도 사역은 황금알을 낳는 거위처럼 소중하다고 말하곤 한다.

중보기도 카드 유형 분류[10]

구분	중보기도 카드의 분야별 비율(%)				
일반카드	영적	진로	건강	경제	기타
	39	16.7	12.7	10.5	6.8
긴급카드	20.3	21.1	25.1	13	5.7
합계	29.65	18.9	18.9	11.75	6.25

성도들이 제출한 중보기도 카드를 분석한 결과, 영적인 문제, 즉 가족 구원과 영적 각성에 대한 기도 제목이 가장 많았다(29.65%). 또한 건강 문제와 진로 문제가 많았고, 이어서 경제 문제 순이었다. 성도들의 영적인 문제, 치유, 그리고 진로와 건강 문제 등에 대한 목회적 돌봄이 기도 사역을 통해 일어난 것이다.

교회 내 기도 모임의 부흥(수요 기도회, 새벽 기도회 등)
중보기도 사역에 많은 성도가 참여하면서 교회 내 기존 기도 모임에도 부흥이 일어났다. 수요 심야 기도회와 새벽 기도회에 정기적으로 참석하는 성도들의 비율이 늘어났다.

현재는 개척 초기에 비해 성도 수가 늘어났음에도 불구하고 새벽 기도회와 수요 기도회 출석률이 그에 미치지 못하고 있다. 그 이유를 두 가지로 분석할 수 있다. 첫째, 개척 초기처럼 담임목사가 수요 기도회와 새벽 기도회를 인도하지 않기 때문이다. 기도하는 교회가 되려면 누구보다 먼저 담임목사가 기도회를 이끄는 일에 앞장서야 한다는 것을 알 수 있다. 둘째, 단기간에 주일 출석 인원이 늘어날 수는 있지만 기도 사역자는 하루아침에 만들어지는 것이 아니기 때문이다. 그럼에도 불구하고 성도들이 꾸준히 새벽 기도회와 수요 기도회의 자리를 지키는 것은 중보기도학교를 통한 기도 훈련 덕분임을 부인할 수 없다.

현재 중보기도 사역을 이수한 성도는 출석 성도의 약 40%에 달한다. 이로 인해 교회 내 섬김이들은 모든 사역에 기도를 앞세우는 기도 사역자 마인드를 가지게 되었다. 자신이 속한 부서의 사역을 할 때 기도를 우선시하게 되었고, 다락방 등 각 부서의 모임에서 예배 전, 행사 전, 사역 전 기도 모임이 형성되었다. 일례로 여름 수련회, 성경학교, 단기선교 등 여름 사역이 시작되면 온 교우가 교구별로 새벽 기도회 후에 6시부터 릴레이로 기도를 한다. 이 기도 모임은 각 교구의 교구장인 장로가 직접 인도한다. 이처럼 기도회가 자연스럽게 문화로 자리 잡은 것은 기도 사역의 놀라운 결과다.

예배당 건축

더사랑의교회는 창립 10년이 되어 가는 2012년 말에 예배당을 건축하고 입당을 했다. 그동안 월세 건물에서 주일학교 아이들까지 2,000명이 넘는 인원이 불편을 감수하며 예배를 드려 왔으나 교회가 성장해 더 이상은 공간의 한계를 감당하기 어려웠다. 때마침 교회 인근에 광교신도시가 형성되었고 교회와 불과 1km 떨어진 곳에 종교 부지를 분양받았다.

하지만 당시는 한국 교회가 예배당을 건축하는 일이 부정적으로 비치는 상황이었고, 경제적으로도 침체되어 있었기에 많은 우려가 있었다. 따라서 건축을 준비하면서 교회는 기도에 더욱 전념했다. 건축을 위한 기도 제목을 작성하고, 중보기도 사역자들과 함께 온 교우가 5만 시간 릴레이 기도에 돌입했다. 조나단 에드워즈가 기도 합주회를 결성하면서 "지속적이면서 정기적인 기도 모임의 유익은 항상 하나님 나라를 기억하게 한다는 데 있다"고 말한 것처럼 우리는 기도 가운데 눈에 보이는 건물이 아니라 이 일을 통해서 이루어질 하나님 나라의 비전을 꿈꾸었다.

성도들은 건축에 필요한 경비를 마음을 다해서 헌금했다. 헌신의 부담이 지속되었던 3-4년의 건축 기간 동안에도 교회 내에는 그어떤 갈등도 없었을뿐더러 오히려 해마다 성도들의 숫자가 늘어 갔다. 건축을 진행하기 전 일어날 수 있는 다양한 문제들을 중보기도 제목으로 삼고 기도했다. 그 결과 건축을 섬긴 모든 섬김이가 건축의 전 과정을 명예롭게 마무리하게 되었다.

이 모든 과정이 정직하고 순조롭게 이루어진 것은 배후에서 성도들이 기도에 전력했기 때문이다. 그 결과 하나님이 친히 교회의 주인이 되시어 교회를 이끌어 주셨다.

교회의 평안과 수적 성장

기도 사역으로 인해 교회는 급격히 평안해졌다. 기도로 하나님을 찾고 의지하는 사역이 주는 중요한 유익 중 하나는 평안이다. 구약성경의 아사왕이 하나님만 구하기로 결단하자 하나님은 그에게 평안을 주셨고, 그 결과 나라가 강성하게 발전했다(대하 14-15장). 마찬가지로 더사랑의교회도 기도 사역을 시행한 후 교회 내 갈등과 다툼이 두드러지게 사라졌다. 뒤돌아보면 지뢰밭 같은 길을 무사히 피해서 여기까지 온 것은 성도들의 기도 속에서 순간순간 주님의 인도하심을 경험했기 때문이다.

하나님의 은혜로 교회는 개척 이후 지난 15년 동안 해마다 성장을 거듭했다.[11] 상가 4층에 교회를 개척해 하루하루 잠 못 이루며 조금만 바람이 불어도 뒤집힐까 불안한 돛단배 같던 교회가 이처럼 건강한 교회로 성장할 수 있었던 것은 무엇보다 기도 동역자들의 간절한 기도 덕분이다.

이를 통해서 발견할 수 있는 것은 주님이 가르쳐 주신 대로 교회가 먼저 주의 나라를 위해서, 교회의 평안을 위해서, 성도들을 위해서 기도하는 일을 앞세울 때 하나님이 친히 일하신다는 사실이다. "내가 일하면 내가 일하는 것이지만, 내가 기도하면 하나님이 일하신다"는 말은 사실이다. 교회가 기도할 때 이처럼 놀라운 유익을 얻을 수 있다.

5. 교회의 위기는 기도를 재점검하라는 신호다

_ 지속적인 기도 훈련의 중요성

교회의 성장과 새로운 위기

지금까지 개척부터 예배당을 건축할 때까지 더사랑의교회 기도 사역의 실제적인 실행과 유익에 대해 살펴보았다. 그러나 교회는 끊임없이 새로운 도전을 받는다. 사회가 급변하면서 교회가 처한 환경도 아울러 변화되었고, 교회에 유입된 성도들의 성향도 바뀌었다. 또한 세상 문화가 변화하면서 교회가 대처해야 하는 세상과의 영적 싸움의 국면도 달라졌다. 특별히 더사랑의교회는 예배당 건축과 더불어 광교신도시로 이전했고, 이에 따라 많은 과제를 떠안게 되었고, 새로운 도전에 직면했다.

기존 신자와 새로운 신자 간의 갈등 요인

광교신도시로 이전한 후 유입된 새로운 성도들은 이미 건축된 교회에서 누리고자 하는 경향이 있었다. 물론 대다수는 헌신적이고 모범적인 성도들이었지만, 건축 이전에는 볼 수 없었던 다소 불편한 풍경들이 종종 연출되었다. 예를 들어, 예배를 구경하는 방관자 같은 모습을 보이고, 교회를 섬기는 일에 관심을 두지 않았다. 개척부터 건축에 이르기까지 헌신해 온 기존 성도들 중에 어떤 이들은 그 모습을 보며 시험에 들기도 했다. 하지만 이것은 동시에 우리에게 찾아온 새로운 기회요, 도전이었다. 우리는 전도 대상자가 예배당에 앉아 있다고 생각하기로 했다.

지역 간의 차이

교회를 건축하기 이전에는 신자의 90% 이상이 수지와 용인에 거주하고 있었다. 그런데 이전 성전과의 거리가 1km밖에 떨어져 있지 않은데, 행정 구역이 수원시인 광교신도시로 교회를 이전한 이후에는 새로 등록한 신자의 70-80%가 광교신도시를 비롯 수원시에 거주했다. 따라서 교회 내 지역 차이가 뚜렷해졌다. 불과 3년 만에 90%에 육박하던 수지 지역에 사는 성도들의 비율이 48%로 떨어졌고, 수원시 거주 성도 비율이 37%로 뛰었다. 이내 성도들은 용인과 수원, 좁게는 수지와 광교, 두 지역에 거주하는 분들로 나뉘었다. 수지와 수원은 인근 지역이었지만 두 지역의 문화와 생활 수준과 관심사는 여러 면에서 차이가 있었다.[12] 그러면서 전에 없던 갈등의 위험 요소가 자리 잡게 되었다.

세대 간의 격차

건축 전에도 교회 내에는 젊은 층이 많았다. 하지만 입당하면서 젊은 층인 30대와 40대 초반 성도들이 등록하는 일이 두드러지게 많아졌다. 2018년 현재 더사랑의교회 성도들의 비율을 보면 20-40대가 65%를 차지한다.

교회에 젊은 층이 많아진 이유는 수지와 수원의 인구 분포상 젊은 세대들이 높은 비율을 차지하고 있다는 데 1차적인 원인이 있다. 용인시는 30-40대 인구 구성비가 높으며(36%), 10대 구성비도 높다.[13] 이는 학령기 및 청소년의 비율이 높다는 것을 의미한다. 아울러 수원시 역시 인구 연령대가 20-49세에 집중적으로 몰려 있는 것으로 보아 청년층 및 장년층의 인구 분포도가 높다는 사실을 알 수 있다.[14]

교회에 등록한 젊은 층을 보면서 오늘날 젊은 세대들의 몇 가지 경향을 살펴볼 수 있었다. 첫째, 젊은 세대들은 자녀 교육을 중심으로 교회를 찾는다. 그렇다 보니 자녀 교육에 유리한 환경을 가진 대형 교회를 선호한다. 둘째, 젊은 세대들은 신앙의 2세대로서 헌신하고 섬기기보다는 누리려는 경향이 많다. 그러므로 교회 내 봉사나 소그룹 활동, 심방 등에 소극적이고 주일예배만 드린 후 여가생활에 몰두하는 경향을 보인다. 그런 이유로 큰 규모의 교회를 찾는다. 셋째, 젊은 세대들은 대부분 직장 일로 바쁘고 아이들이 어리기에 교회 봉사나 훈련에 참여하기 어렵고, 오히려 많은 보살핌을 필요로 한다. 그렇다 보니 그들은 자신들을 돌봐 줄 교회를 찾는다. 넷째, 젊은 세대들은 자기들의 필요에 의해 대형 교회를 찾으면서도 의식적으로는 교회의 대형화와 세속화를 경계하고 비판하는 이율배반적인 태도를 보인다. 다섯째, 젊은 세대들은 50대 이상이 경험한 한국 교회 기도의 영성을 잘 알지 못한다. 그렇다 보니 점차 기도의 영성이 약해지는 위험이 교회 내에 존재한다.

일꾼의 부족

앞서 언급한 여러 이유로 많은 신자가 소비적인 태도를 보였고, 교회의 중심에 들어와서 봉사하며 섬기려는 사람들은 적었다. 그렇다 보니 기존의 헌신된 성도들에게 짐이 가중되었고, 기도에 힘쓰던 성도들까지도 많은 사역으로 바빠진 까닭에 기도를 소홀히 하게 되는 심각한 상황에 처했다. 초대교회의 사도들이 구제하는 일로 바빠서 기도와 말씀 전하는 일을 소홀히 하게 된 것처럼 말이다(행 6:1-2).

교회의 규모는 커져 가는데 기도 사역자의 숫자는 이에 비례해서 증가하지 않을뿐더러 더 약화되고 있었다. 교회의 기초가 되는 기도 사역에 균열이 생기는 위기를 맞이했다.

6. 기도는 사역의 처음이자 마지막이다 _ 기도 사역과 목회철학의 통합

이 문제들은 상황을 어떻게 바라보는가에 따라서 사명이 될 수도 있고, 불만의 요소가 될 수도 있다. 그러므로 변화된 환경 속에서 더사랑의교회는 다시 한 번 목회철학을 정립할 필요가 있었다. "왜 교회가 존재하는가?"라는 가장 본질적인 질문을 다시 던지며 함께 고민한 끝에 더사랑의교회의 목회철학을 재정립하게 되었다.

여기에 목회철학 재정립에 관한 내용을 소개하는 이유는 당시 더사랑의교회의 목회철학의 기초를 주기도가 가르치는 하나님 나라 정신에 두고자 했고, 여기에 근거해 기도 사역을 목회철학의 중심에 놓았기 때문이다.

더(THE)사랑의교회

예배당을 건축하고 교회를 광교로 이전하면서 교회 이름을 더사랑의교회로 바꾸었다. '더'는 영어의 'THE'를 의미하는 것으로서, 예수님의 지상에서의 3대 사역인 가르치고(Teaching), 치유하고(Healing), 전파하는(Evangelizing) 사역의 영문 첫 글자를 조합한 것이다.

'THE'를 온 교우가 앞으로 매진해야 할 목회철학이요, 방향이요, 본질로 삼기로 했다. 이를 위해서 교역자들과 목양장로, 그리고 평신도 지도자들은 마음을 모아 우리가 앞으로 달려가야 할 교회의 본질을 어떻게 펼쳐 나갈 것인가를 의논했고, 더사랑의교회 목회철학의 각 요소들을 다음과 같이 정립했다.[15]

1) 가르치는 교회(Teaching)

더사랑의교회는 제자훈련 목회철학을 가지고 매진해 왔다. 이 책은 목적상 기도 사역에 초점이 있기에 이에 대한 자세한 언급은 생략했지만, 개척 초기부터 지난 15년 동안 12명씩 한 그룹으로 남, 여, 부부 제자훈련을 가정을 돌아가면서 실시해 현재 약 450여 명의 순장들이 평신도 동역자로 섬기고 있다. 부부가 순장으로 섬기는 부부 다락방과 여다락방, 남다락방, 여직장 다락방이 매주 금요일에 각 가정을 중심으로 모여 말씀을 나누고 서로 기도하며 교제를 나눈다.

더사랑의교회가 개인적이고 이기적인 기도를 넘어서 중보기도를 통한 기도 사역에 매진할 수 있었던 것은 그 배후에 말씀 사역이 있었기 때문이라고 할 수 있다. 우리는 말씀으로 훈련받으면서 하나님 나라를 사모하게 되었고, 하나님 나라를 이루기 위해서 간절히 기도하라는 주님의 명령에 마음을 다해서 순종할 수 있었다. 더사랑의교회는 가르치는 교회로서 핵심이 되는 본질인 말씀에 더욱 집중하기 위해서 온 교우가 매일 말씀을 묵상하는 일을 기초로 했고, 그 바탕 위에서 제자훈련 사역에 전념하기로 했다.

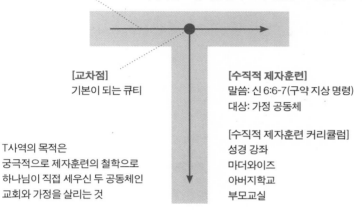

[수평적 제자훈련]
말씀: 마 28:19-20(지상 명령)
대상: 교회 공동체

[수평적 제자훈련 커리큘럼]
새가족반 → 일대일 양육 → 제자훈련 → 사역훈련 → 순장반

[교차점]
기본이 되는 큐티

[수직적 제자훈련]
말씀: 신 6:6-7(구약 지상 명령)
대상: 가정 공동체

[수직적 제자훈련 커리큘럼]
성경 강좌
마더와이즈
아버지학교
부모교실

T사역의 목적은
궁극적으로 제자훈련의 철학으로
하나님이 직접 세우신 두 공동체인
교회와 가정을 살리는 것

2) 치유하는 교회(Healing)

예수님은 수많은 병자를 치유하셨다. 이스라엘 백성은 치유를 통해 하나님 나라를 경험했다. 오늘날에도 예수님은 교회를 통해서 치유하신다. 예수님이 아픈 자들을 위해서 안수하며 기도하심으로써 치유 사역을 행하신 것처럼 오늘날 교회는 기도함으로 치유 사역을 감당할 수 있다.

더사랑의교회는 성도를 치유하고, 교회를 치유하고, 민족을 치유하는 교회가 되기 위해서 사역의 핵심으로 중보기도 사역을 두고, 교회적인 연합 기도와 개인 기도의 두 기둥을 굳건히 세움으로써 치유하는 교회의 사명을 감당하고자 했다.

치유하는(Healing) 사역의 개요

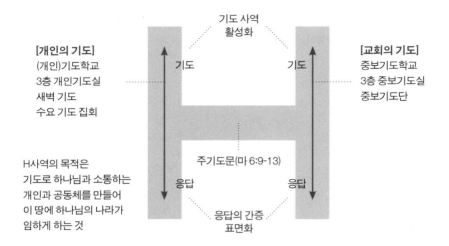

[개인의 기도]
(개인)기도학교
3층 개인기도실
새벽 기도
수요 기도 집회

기도 사역
활성화

기도   기도

[교회의 기도]
중보기도학교
3층 중보기도실
중보기도단

H사역의 목적은
기도로 하나님과 소통하는
개인과 공동체를 만들어
이 땅에 하나님의 나라가
임하게 하는 것

주기도문(마 6:9-13)

응답   응답

응답의 간증
표면화

3) 전파하는 교회(Evangelizing)

하나님 나라가 이 땅에 임하려면 사람들이 예수님을 믿고 구원받아
야 한다. 그런데 믿음은 말씀을 들음으로 생기고, 들음은 교회가 복
음을 전할 때 가능하다. 그렇기에 오늘날 전도에 대한 세상 사람들
의 부정적 시각이 많지만, 전도의 미련한 것으로 사람을 구원하고자
하시는 주님의 방법은 변하지 않았다.

더사랑의교회는 이러한 위기 속에 있는 세대를 향해 전도하는
일을 교회의 본질로 삼았다. 이를 위해서 온 교우가 전도폭발훈련을
받고 사랑의전도단, 이웃사랑부, 문화사역 등과 연대해 지역 복음화
에 온 힘을 기울이기로 했다. 아울러 온 교우가 모일 때마다 불신자
를 마음에 품고 기도하며 열린 다락방[16]과 대각성전도집회[17]에 초청

하기로 했다.

더사랑의교회의 예배당을 신자들만을 위한 공간이라고 보기 전에, 불신자를 전도하는 사명의 도구로 인식하게 하면서 교회를 찾아오는 수많은 연약한 성도를 바라보는 눈이 달라졌다. 아울러 여기에 복음적 교회 운동인 '시티투시티운동'[18]을 주도적으로 하면서 교회의 체질을 복음적으로 만들어 가며, 선교적 교회를 이루고, 분립 개척에 몰두함으로써 보다 복음적이며 전파하는 교회로서 굳건히 서고자 했다.

전파하는(Evangelizing) 사역의 개요

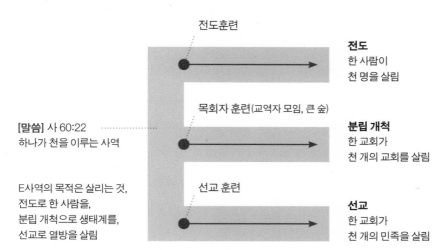

전도훈련

전도
한 사람이
천 명을 살림

목회자 훈련(교역자 모임, 큰 숲)

[말씀] 사 60:22
하나가 천을 이루는 사역

분립 개척
한 교회가
천 개의 교회를 살림

E사역의 목적은 살리는 것,
전도로 한 사람을,
분립 개척으로 생태계를,
선교로 열방을 살림

선교 훈련

선교
한 교회가
천 개의 민족을 살림

목회철학의 근간으로서의 기도 사역 재구축

앞에서 언급했듯이, 교회가 성장하면서도 새벽 기도회와 수요 기도회의 인원이 비례적으로 늘지 않은 이유는 기도 훈련을 받은 수많은 성도가 교회의 당면한 봉사들로 분주해 기도의 자리를 지키지 못한 현상을 반영한다. 교회의 가장 중요한 사역인 기도라는 기초가 무너지고 있었다.

목회철학을 재정립하는 과정에서 무엇보다 기도가 약해지고 있다는 반성을 하고, 어떻게 하면 기도 사역을 재구축하고 기도의 자원을 다시 모을 것인가를 깊이 연구했다. 고민 끝에 다음과 같이 기도 사역의 철학을 재정립하게 되었다.

1) 기도가 목회철학의 연결 고리가 됨(THE)

목회철학을 단순화하기 위해서 가르치는 사역의 핵심으로 '말씀'을, 치유하는 사역의 핵심으로 '기도'를, 전파하는 사역의 핵심으로 '전도'를 규정했다. 그리고 말씀, 기도, 전도의 순서에 있어서 기도를 말씀과 전도의 중간에 위치시켰다. 교회는 기도를 통해 말씀을 가르치는 사역을 제대로 할 수 있고, 복음을 증거하는 사역을 능력 있게 감당할 수 있다. 목회철학을 재정립하면서 기도 사역을 모든 사역의 근본으로 둔 것이다.

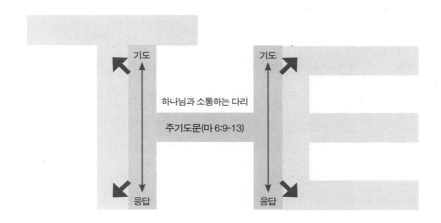

기도

기도

하나님과 소통하는 다리

주기도문(마 6:9-13)

응답

응답

2) 기도 사역의 신학적인 기초 재정립의 필요성

기도 사역 위에 세워진 교회의 기초가 흔들린 또 다른 이유는 기도 사역의 신학적인 기초가 허약한 데 있었다. 그동안 나름대로 성경적인 기초 위에서 기도를 가르치고 기도 사역을 해 왔지만, 돌아보면 기도 사역에 대한 명확한 신학적 받침이 부족했다. 그렇다 보니 기도가 몇몇 영적인 은사가 있는 사람들의 전유물처럼 여겨지거나, 혹은 기복적인 틀을 벗어나지 못해서 기도의 폭이 제한되거나, 다른 봉사 사역이 있으면 쉽게 자리를 맞바꾸는 일들이 일어났다.

경험에 의하면, 그 어떤 자리보다 기도 사역자가 비운 자리는 쉽게 채워지지 않는다. 기도 사역자가 기도 사역의 중요성을 알지 못하고 다른 사역과 쉽게 바꾸는 일은 교회와 하나님 나라에 있어서 큰 손실이 아닐 수 없다. 그러므로 기도 사역을 지속하기 위해서는 먼저 신학적인 기초를 재정립할 필요가 있었다.

3) 주기도문을 통한 기도 사역의 재발견

기도 사역의 신학적인 기초를 가지고 고민하던 중에 만난 것이 주기도문이었다. 특별히 2014년 가을, 주기도문으로 2주간 특별 새벽 부흥회를 준비하면서 주기도문이 모든 기도 사역의 핵심 근간이라는 사실을 발견하게 되었다.[19] 김세윤 교수의 《주기도문 강해》(두란노, 2000), 톰 라이트의 《주기도와 하나님 나라》(IVP, 2014) 등 주기도문과 관련된 많은 책을 참고해 주기도문을 연구하면서 주기도가 단순한 기도문이 아니라 하나님 나라 운동의 요약으로서, 주기도의 핵심 사상에 하나님 나라가 있다는 사실을 알았다. 주기도는 하나님 나라 운동을 하는 하나님의 백성이 항상 올려 드리고 앞세워야 하는 기도요, 기도 사역의 가능성을 알려 주는 가장 중요한 신학적 기초가 되는 가르침인 것이다.

이러한 깨달음은 그동안 약해져 가는 기도 사역을 바라보면서 고민하던 필자에게 큰 도전이 되었고, 기도 사역을 다시 세우고자 하는 일에 강력한 동기 부여가 되었다. 아울러 성도들이 2주간 특별 새벽 부흥회를 통해 주기도문의 의미를 깨닫고는 기꺼이 생각을 바꾸어 먼저 하나님의 나라와 의를 구하는 모습을 보면서 확신이 더욱 굳어졌다.

다음은 당시 특별 새벽 부흥회에 참석한 한 성도가 특별 새벽 부흥회 게시판에 올린 간증의 일부다. "간절하게 간구해야지 다짐하고 시작한 특별 새벽 부흥회였다. 그런데 다섯 새벽이 지나자 내 기도의 우선순위가 바뀌었다. 이런저런 간구보다 가장 먼저 '하나님, 저를 거룩하게 하옵소서. 제게 하나님 나라가 임하게 하옵소서. 하나님의 뜻이 이루어지게 하옵소서'라고 기도하게 되었다. 그것을 하나님이 원하신다는 생각이 들었다."

성도들에게 기도의 참 목적과 능력을 가르치자 많은 성도가 기꺼이 하나님 나라를 위한 기도 사역자로 헌신하는 모습을 보았고, 기도의 자리를 떠났던 기도 사역자들이 기도의 자리로 돌아가야 한다는 공감대를 가지게 되었다. 주기도문이 교회의 기도 사역을 재정립한 기초가 된 것이다. 앞에서 설명한 153기도 사역을 비롯, 기도 사역팀을 중심으로 한 모든 사역은 바로 이러한 토대에서 생겨났다.

4) 기도 사역을 통한 한국 교회 회복의 비전

교회의 기도 사역은 단지 교회 성장만을 위한 것이 아니라, 지역 사회와 민족을 치유하고 변화시키는 하나님 나라의 비전을 향한 사역이 되어야 한다. 변화되지 않는 교단의 정치 문제, 신학교 지도자들의 부패, 그리고 한국 교회 지도자들의 문제, 성도들의 저하된 윤리의식, 그리고 반기독교 세력의 공격, 이슬람의 공격, 동성애 문제 등 한국 교회를 향한 도전 앞에서 교회가 할 수 있는 가장 강력한 일은 바로 기도 사역이다.

우리는 단지 교회를 넘어 온 세상에 가득할 하나님 나라의 통치와 주권을 꿈꾸어야 한다. 그로써 우리는 도시를 변화시키고 세상을 바꾸어야 한다. 이 강력한 기도운동에 우리가 헌신한다면, 진정 하나님이 우리의 기도를 통해서 세상을 바꾸실 것이다. 우리의 기도를 통해 이 땅에 하나님 나라가 임하고 다시 부흥이 일어날 것이다. 아멘.

/

교회의 기도 사역은 단지 교회 성장만을 위한 것이 아니라,

지역 사회와 민족을 치유하고 변화시키는

하나님 나라의 비전을 향한 사역이 되어야 한다.

/

서문

1 최윤식,《한국교회 미래지도: 지속가능한 한국 교회를 위한 최초의 미래학 보고서》(서울: 생명의말씀사, 2013), p. 45.

2 같은 책, p. 42.

3 마틴 로이드 존스(David Martyn Lloyd-Jones),《마틴 로이드 존스의 부흥》(서울: 복있는사람, 2006), p. 33-36.

4 조나단 에드워즈(Jonathan Edwards),《기도합주회》(서울: 부흥과개혁사, 2004), p. 65.

5 조엘 R. 비키(Joel R. Beeke), 브라이언 G. 나자푸르(Brian G. Najapfour),《고전에서 배우는 기도 특강》(서울: 예수전도단, 2014), p. 17.

6 존 칼빈(John Calvin),《기독교 강요 (하)》(고양: 크리스챤다이제스트, 2004), 제20장 "기도: 믿음의 주요 활동, 그리고 기도로써 얻는 일상적인 유익" 중 2절 "기도의 필요성."

7 더치 쉬츠(Dutch Sheets),《하늘과 땅을 움직이는 중보기도》(서울: 베다니, 1998), p. 42.

1 _ 하나님의 역사는 기도로 시작되었다

1 다니엘서에 대한 W. 시블리 타우너(W. Sibley Towner)의《현대 성서 주석》(서울: 한국장로교출판사, 2004)을 보면, 여기 사용된 다니엘의 기도 용어가 열왕기상에 나오는 솔로몬의 성전 봉헌 기도(왕상 8:46-53)의 모범에 의해서 형성된 전통으로부터 가져온 언어로 가득 차 있다고 주장하고 있다.

2 팀 켈러(Timothy Keller),《팀 켈러의 기도》(서울: 두란노, 2015), p. 49.

3 존 놀랜드(John Nolland),《누가복음》, WBC 성경 주석 (서울: 솔로몬출판사, 1999), p. 135, 138.

4 막 15:25, 34-37; 행 2:5, 3:1, 10:9, 30.

2 _ 하나님 나라를 경험하려면 기도 중의 기도를 배우라

1   요아킴 예레미야스(Joachim Jeremias), 《예수님의 기도(*The Prayer of Jesus*)》 (Naperville, Ⅲ., A. R. Allenson, 1967), p. 73.

2   같은 책, p. 75.

3   김세윤, 《주기도문 강해》 (서울: 두란노, 2000), p. 14.

4   같은 책.

5   존 쾨니그(John Koenig), 《신약성경의 기도》 (서울: 하늘향, 2014), p. 32.

6   김형국, 《한국 교회가 잃어버린 주기도문》 (서울: 죠이선교회, 2013), p. 179.

7   김세윤, 앞의 책, p. 106-111.

8   같은 책, p. 119.

9   조나단 에드워즈, 《기도합주회》, p. 75-78.

10 주기도문의 구조

  · 서언   하늘에 계신 우리 아버지여

  · 당신 청원   1. (당신의) 이름이 거룩히 여김을 받으시오며

            2. (당신의) 나라가 임하시오며

            3. (당신의) 뜻이 하늘에서 이루어진 것같이 땅에서도 이루어지이다

  · 우리 청원   1. 우리에게 일용할 양식을 주시옵고

            2. 우리가 우리에게 죄지은 자를 사하여 준 것같이 우리 죄를 사하여
              주시옵고

            3. 우리를 시험에 들게 하지 마시옵고 다만 악에서 구하시옵소서

  · 송영   나라와 권세와 영광이 아버지께 영원히 있사옵나이다. 아멘

  · 부언   (눅 11:5-13)

11 도날드 해그너(Donald A. Hagner), 《마태복음》 (서울: 솔로몬, 1999), p. 290.

12 존 놀랜드, 앞의 책, p. 342.

13 같은 책.

14 김세윤, 앞의 책, p. 43.

15 조나단 에드워즈, 앞의 책, p. 121.

16 N. T. 라이트(N. T. Wright),《주기도와 하나님 나라》(서울: IVP, 2014), p. 37-49.

17 존 쾨니그, 앞의 책, p. 90.

18 김남준,《깊이 읽는 주기도문》(서울: 생명의말씀사, 2013), p. 146.

19 N. T. 라이트,《마침내 드러난 하나님 나라》(서울: IVP, 2009), p. 310.

20 채영삼,《삶으로 드리는 주기도문》(서울: 이레서원, 2014), p. 36-37.

21 키프리아누스(Cyprianus Caecilius),《도나뚜스에게 가톨릭 교회 일치 주의 기도문》(왜관: 분도출판사, 1987), p. 119.

22 최갑종,《예수님이 주신 기도》(서울: 이레서원, 2000), p. 77-82.

23 요아킴 예레미야스, 앞의 책, p. 83.

24 키프리아누스, 앞의 책, p. 121.

25 조나단 에드워즈, 앞의 책, p. 59.

26 김세윤, 앞의 책, p. 183.

27 조나단 에드워즈, 앞의 책, p. 79-85.

28 더치 쉬츠, 앞의 책, p. 46.

29 조나단 에드워즈, 앞의 책, p. 124-129.

30 김형국, 앞의 책, p. 61.

31 강병도,《마태복음》, 호크마 종합 주석 (서울: 기독지혜사, 1999), p. 268.

32 존 칼빈(John Calvin),《기독교 강요 (중)》(서울: 생명의말씀사, 1986), p. 494.

33 팀 켈러, 앞의 책, p. 171.

34 조기연,《기도의 정석: 초대교회에서 배우는 영성 깊은 기도》(서울: 대한기독교서회, 2014), p. 22.

35 같은 책, p. 23.

36 키프리아누스, 앞의 책, p. 160-161.

37 눅 1:10; 막 15:25, 33; 눅 23:44; 행 2:15, 10:9.

38 막 1:35; 마 4:2; 눅 4:2, 6:12; 요 6:15.

39 눅 9:16, 18, 28-29, 10:21-22, 11:1.

40 막 1:21-39; 눅 9:16, 18, 28-29, 10:21-22, 11:1; 눅 4:42-44; 막 1:35-39; 눅 6:12; 요 6:15; 마 26:36-46; 막 14:32-42; 눅 22:39-46, 23:34.

41 마 6:5-6; 눅 11:6-8, 18:1-8; 막 9:29; 마 26:41; 막 14:38; 눅 22:40, 46; 마 26:36-37;
막 14:32-33; 눅 24:49; 행 1:4; 요 14:12-13.

42 키프리아누스, 앞의 책, p. 163.

43 엡 6:18; 딤후 1:3; 딤전 1:1-2; 빌 1:3-4; 엡 1:15-19.

44 행 1:14, 2:14, 3:1-7, 4:5, 23-30, 31, 32-37, 5:1-11, 12-16, 17-42, 6:4, 12:5-24.

45 살전 5:25; 롬 15:30-31; 엡 6:19-20; 골 4:2-3; 살전 5:25; 살후 3:1-2; 딤전 2:1-2; 막
11:17.

3 _ 교회가 무너지고 있다면 기도로 터닝 포인트를 삼으라

1 필립 샤프(Philip Schaff), 《니케아 시대와 이후의 기독교》 (고양: 크리스챤다이제스트,
2006), p. 124.

2 후스토 L. 곤잘레스(Justo L. Gonzalez), 《초대교회사》 (서울: 은성, 1987), p. 222-223.

3 같은 책.

4 베네딕투스 수도원 일과(매일 하루 일곱 시간 기도): 조과(Matins, 자정), 찬과(Lauds, 오전
3시), 일시과(Prime, 오전 6시), 삼시과(Terce, 오전 9시), 육시과(Sext, 정오), 구시과(None,
오후 3시), 만과(Vespers, 오후 6시), 종과(Compline, 오후 9시).

5 후스토 L. 곤잘레스, 앞의 책, p. 166-168.

6 필립 샤프, 《교회사 전집 6. 중세시대 보니파키우스 8세부터 루터까지》 (고양: 크리스챤
다이제스트, 2004), p. 707-718.

7 조엘 R. 비키, 브라이언 G. 나자푸르, 앞의 책, p. 15-17.

8 주도홍, "주기도문의 바른 사용을 위한 역사적 고찰과 제안", 〈그 말씀〉, 1997년 3월호.

9 조엘 R. 비키, 브라이언 G. 나자푸르, 앞의 책, p. 18.

10 팀 켈러, 앞의 책, p. 134.

11 존 칼빈, 《기독교 강요 (중)》, p. 439-445.

12 팀 켈러, 앞의 책, p. 148.

13 같은 책, p. 159.

14 조엘 R. 비키, 브라이언 G. 나자푸르, 앞의 책, p. 59.

15 같은 책, p. 277.

16 조종익, "한국 교회 부흥 운동의 요인 분석을 통한 교회 성장 전략"(총신대학교 목회신학 전문대학원 박사 논문), p. 80.

17 김문기, "경건주의와 목회적인 적용", 〈평택대학교 논문집〉 제10집 제2호, 1998, p. 16.

18 차교범, "독일 경건주의 운동에 관한 연구"(칼빈대학교 석사 논문, 2007), p. 33.

19 정준기, "니콜라스 진젠도르프에 관한 연구", 〈광신 논단〉, p. 187-188.

20 같은 책, p. 189.

21 같은 책, p. 195.

22 김명혁, "독일 경건주의 소고", 〈신학지남〉, 1979년 가을호, p. 38.

23 진상천, "독일 경건주의 신학에 근거한 선교 동인과 사역 및 그 영향"(협성대학교 신학대 학원 석사 논문, 2007), p. 18.

24 스테판 닐(Stephen Neill), 《기독교 선교사》(서울: 성광문화사, 1980), p. 297.

25 같은 책, p. 159-160.

26 박영환, 《네트워크 선교 역사》(바울, 2012), p. 132.

27 허버트 케인(Herbert Kane), 《기독교 세계 선교사》(서울: 생명의말씀사, 1981), p. 111-112.

28 진상천, 앞의 책, p. 39-42.

29 같은 책, p. 43-44.

30 마틴 로이드 존스(David Martyn Lloyd-Jones), 《청교도 신앙: 그 기원과 계승자들》(서울: 생명의말씀사, 2002), p. 359-361.

31 같은 책. p, 378.

32 조나단 에드워즈, 앞의 책, p. 59-60.

33 같은 책, p. 65.

34 티모시 보커(Timothy K. Beougher), 라일 도르셋(Lyle W. Dorsett), 《1995년 휘튼대학 부흥 이야기》(서울: 부흥과개혁사, 2004), p. 66-67.

35 데이비드 하워드(David M. Howard), 《학생운동과 세계 복음화》(서울: 생명의말씀사, 1980), p. 86.

36 같은 책, p. 87.

37 티모시 보커, 라일 도르셋, 앞의 책, p. 68.

38 김요한, "미국 대학생선교운동과 우리 시대 세계복음화: Haystack movement에서 SVM선교운동까지", 〈국제신학 제8권〉(국제신학대학원대학교출판부, 2006), p. 260-261.

39 웨슬리 듀웰(Wesley Duewel), 《세계를 뒤바꾼 부흥의 불길》(서울: 생명의말씀사, 1996), p. 109.

40 같은 책, p. 119.

41 같은 책, p. 128.

42 존 맥스웰(John Maxwell), 《기도 동역자: 사역의 능력을 배가시키는 추진력》(서울: 디모데, 1998), p. 18.

43 이인호, 《기도의 전성기를 경험하라》(서울: 생명의말씀사, 2009), p. 225.

44 티모시 보커, 라일 도르셋, 앞의 책, p. 70.

45 한홍, "거칠고 야성적인 서부의 부흥운동", 〈빛과 소금〉(통권 149호, 1997년 9월호), p. 81.

46 데이비드 하워드, 앞의 책, p. 106.

47 유재덕, 《기독 청년 학생운동의 방향성》(서울: 도서출판 정인, 1994), p. 348.

48 박종구, 《무디 선생의 생애》(서울: 신망애사, 1973), p. 126-140.

49 명성훈, 《하늘 문을 여는 중보기도: 전략 52가지》(서울: 국민일보, 1999), p. 43.

50 김영재, 《한국교회사》(수원: 합신대학원출판부, 2009), p. 148.

51 홍기영, "한국교회 부흥운동의 역사", 〈한국선교신학회 선교신학〉 16권, p. 5.

52 김영재, 앞의 책.

53 데이비드 하워드, 앞의 책, p. 300-301.

54 홍기영, 앞의 책.

55 윌리엄 블레어(William Blair), 브루스 헌트(Bruce Hunt), 《한국의 오순절과 그 후의 박해》(서울: 생명의말씀사, 1995), p. 85.

56 김영재, 앞의 책.

57 홍기영, 앞의 책, p. 3.

58 김영재, 앞의 책, p. 145.

59 박용규, 《평양대부흥운동》(서울: 생명의말씀사, 2000), p. 201-202.

60 같은 책, p. 216-217.

61 같은 책, p. 217-218.

62 김영재, 앞의 책, p. 147.

63 같은 책, p. 151.

64 이덕주, 《한국교회 이야기》(서울: 신앙과지성사, 2009), p. 154.

4 _ 신앙의 생명력이 없다면 기도의 범위를 확장하라

1   게할더스 보스(Geerhardus Vos),《하나님의 나라》(서울: 한국개혁주의신행협회, 1971), p. 70.

2   행 2:16-21; 욜 2:28-32; 사 49:8, 63:4; 고후 6:2; 마 12:28.

3   리처드 포스터(Richard J. Foster), 달라스 윌라드(Dallas Willard), 성영 탠, 이동원, 이철신, 홍정길, 강준민 공저,《지금 이 순간, 우리에게 임하신 하나님 나라》(서울: 국제제자훈련원, 2008), p. 125.

4   요 15:26, 3:5; 롬 6:3-5, 8:16-17; 눅 24:49; 행 1:4.

5   리처드 포스터, 달라스 윌라드, 성영 탠, 이동원, 이철신, 홍정길, 강준민 공저, 앞의 책, p. 95.

6   조나단 에드워즈, 앞의 책, p. 117.

7   조엘 R. 비키, 브라이언 G. 나자푸르, 앞의 책, p. 269.

8   마틴 로이드 존스,《마틴 로이드 존스의 부흥》, p. 262.

9   같은 책, p. 228.

10 마 3:16; 막 1:10; 눅 3:22; 행 10:38; 요 6:17; 눅 24:46-49; 행 1:8.

11 존 칼빈,《기독교 강요 (중)》, p. 479.

12 김의환,《개혁주의 신앙고백집》(서울: 생명의말씀사, 2003), p. 137.

13 김남준, 앞의 책, p. 173.

14 같은 책.

15 게할더스 보스, 앞의 책, p. 50-72.

16 조엘 R. 비키, 브라이언 G. 나자푸르, 앞의 책, p. 270.

17 김세윤, 김회권, 정현구 공저,《하나님 나라의 복음》(새물결플러스, 2013), p. 259.

18 누가복음에는 '복음을 전하다'라는 의미의 동사형 단어인 'εναγγελιζω'라는 단어의 변형이 8회 나온다(눅 1:19, 2:10, 4:18, 43, 7:22, 8:1, 9:6, 20:1). 아울러 누가는 이 단어를 사도행전에서 이방인에게 복음을 전도하는 선교적인 용례로 사용했다(행 8:4, 12, 10:36, 11:20, 14:7, 15, 21, 16:10, 21:8).

19 눅 4:18, 7:22, 4:43, 8:1, 9:6; 마 28:18-20; 막 16:15; 눅 24:46-48; 행 1:8.

20 고전 1:21; 엡 6:19-20; 골 4:2-3.

21 김세윤, 김회권, 정현구 공저, 앞의 책, p. 266.

22   게할더스 보스, 앞의 책, p. 79.

23   롬 8:3; 마 7:21; 눅 19:9.

24   김세윤, 《칭의와 성화》 (서울: 두란노, 2013), p. 163.

25   팀 켈러, 앞의 책, p. 163.

26   눅 4:31; 마 4:23, 28:19-20.

27   조엘 R. 비키, 브라이언 G. 나자푸르, 앞의 책, p. 270에서 재인용.

28   존 쾨니그, 앞의 책, p. 189.

29   김세윤, 김회권, 정현구 공저, 앞의 책, p. 235.

30   같은 책, p. 236.

31   존 쾨니그, 앞의 책, p. 190.

32   김세윤, 《주기도문 강해》, p. 121.

33   톰 라이트, 《주기도와 하나님 나라》, p. 44.

34   존 쾨니그, 앞의 책, p. 191.

35   고후 2:8-10; 행 3:6; 막 9:38-40, 16:7; 약 5:16.

36   마이클 윌킨슨(Michael J. Wilkins), 《마태복음》, NIV 적용 주석 (서울: 솔로몬출판사, 2009), p. 313.

37   리처드 포스터, 달라스 윌라드, 성영 탠, 이동원, 이철신, 홍정길, 강준민 공저, 앞의 책, p. 96.

38   톰 라이트, 《주기도와 하나님 나라》, p. 75.

39   존 쾨니그, 앞의 책, p. 100.

40   톰 라이트, 《주기도와 하나님 나라》, p. 76.

41   김세윤, 《주기도문 강해》, p. 174.

42   같은 책, p. 178.

43   이 헬라어 형용사는 남성일 수도 있고 중성일 수도 있어서 많은 영어 성경들과 한글 성경들이 '악한 자'가 아니라 '악'으로 번역했다. 문법적으로 둘 다 가능한 이 표현은 '악'과 '악한 자'가 긴밀하게 연결되어 있음을 드러내 주는데, 결국 '악'의 근원인 '악한 자'에 초점을 맞추고 있다고 할 수 있다.

44   존 쾨니그, 앞의 책, p. 101. (마 11:2; 막 1:23-25, 5:1-13).

45   같은 책, p. 102.

46   조나단 에드워즈, 앞의 책, p. 28.

47   팀 켈러, 앞의 책, p. 139.

5 _ 구체적인 기도 훈련이 부흥을 낳는다

1   존 맥스웰, 앞의 책, p. 173-175.

2   강의 내용은 필자의 저서인《기도의 전성기를 경험하라》에 자세히 기록되어 있다.

3   존 맥스웰, 앞의 책, p. 176.

4   중보기도의 대상자를 위해서 기도할 때 때때로 성령의 감동으로 위로의 메시지를 전
     해 주고 싶을 때가 있다. 그런 경우 중보기도자는 중보기도단에서 제작한 기도 편지를
     작성해 중보기도실 로비에 마련된 우편함에 넣는다. 이때는 반드시 중보기도단의 이
     름으로 보내며, 임원들이 우편함에서 수거해 중보기도 대상자의 주소로 발송한다. 기
     도 부탁을 한 성도의 입장에서는 큰 위로를 경험한다.

5   기도 카드에 기도 제목을 써 낸 성도들이 기도가 응답되었을 경우 응답감사카드를 작
     성해 제출함에 넣는다. 임원들이 응답감사카드를 수거해 중보기도실에 비치하는데,
     중보기도 사역자들은 응답감사카드를 읽으면서 자신의 사역에 대한 보람을 발견하는
     동시에 하나님의 살아 계심을 느낄 수 있어서 중보기도 사역에 활력소가 된다.

6   대한예수교장로회 총회,《헌법》(서울: 대한예수교장로회총회 출판부, 1993), p. 241.

7   같은 책, p. 249.

8   피터 와그너(C. Peter Wagner),《기도하는 교회들만이 성장한다》(서울: 서로사랑, 1998),
     p. 128.

9   같은 책, p. 130.

10   같은 책.

11   같은 책, p. 137.

6 _ 하나님의 역사를 이루려면 기도운동을 이어 가라

1   창립 예배는 2003년 5월 1일, 고 옥한흠 목사님(사랑의교회)의 설교로 진행되었다.

2   위키백과: https://ko.wikipedia.org/wiki/수지구.

3   같음.

4   2003-2004년 교회 내 전도부서인 사랑의전도단이 약 6개월 동안 아파트 방문 전도를 하며 조사한 내용을 분석한 자료다.

5   사랑의교회에서 8년간 사역했으며 그 기간 중 1998년 10월부터 2002년 12월까지 중보기도 사역과 금요 심야 기도회, 수양관 영성 훈련 및 주말 교회 사역 등을 담당했다.

6   김영재, 앞의 책, p. 146-147.

7   제1차 새벽 부흥회는 6월 16일부터 20일까지 요나서 강해로, 제2차는 9월 22일부터 26일까지 "영적 군사가 되라"라는 주제로, 제3차는 2004년 1월 5일부터 10일까지 "여호와는 나의 목자시니"라는 주제로, 제4차는 2월 8일부터 4월 21일까지 40일간 "목적이 이끄는 40일"이라는 주제로 진행되었다.

8   매주 토요일 새벽 6시에는 주일 설교 준비를 위한 기도사역팀이 모이고 있다.

9   지난 12년 동안 매주 주보에 실린 성도들의 간증을 참고했다.

10 연도별, 분야별 통계 비율은 대동소이하기에 2009년 사역의 통계를 예로 들었다. 일반 카드와 긴급카드는 예배당 각 층 출입구에 있는 중보기도요청함에 항시 비치되어 있으며, 성도들의 필요에 따라 작성해 중보기도요청함에 제출하면 중보기도팀 임원이 수거해 중보기도실에 비치한다. 또한 1년에 한 차례씩 성도들이 작성한 기도카드를 기도 제목별로 분류한다(영적, 진로, 건강, 경제, 기타). 자세한 사항은 제6장의 주중 릴레이 중보기도 사역을 참조하라.

11 2018년 현재 매주 장년 약 3,900명, 주일학교 학생 1,500명, 총 5,400명 정도가 출석한다. 한 달에 한 번 정도 나오는 사람들로 구성되는 재적은 장년 약 5,000명, 주일학교 학생 약 2,000명, 총 7,000명 정도가 실제로 등록해 다니는 성도들이다. 매해 이사하거나 교회를 옮긴 성도들은 등록부에서 삭제한다.

12 조사에 따르면 수지구는 고학력자들의 분포도가 매우 높은 지역이다. 수원시의 경우 고졸 이상이 80%, 대졸 이상이 38.9%인 것에 비해 수지구는 고졸 이상이 94%이고 전문대졸 이상은 72%에 달한다[제9회 사회조사 결과표(용인)(2014년 12월 16일)]. 두 지역은 소득에서도 격차가 나타난다. 수지구는 소득 분포도를 봤을 때 젊은 직장인(300-400만)과 전문직 종사자(700만 원 이상)가 많은 편이다. 아울러 중산층(월 422만 이상) 이상의 구성 비율이 48%로서 인구의 약 절반이 중산층 소득 수준이다[제9회 사회조사 결과표(용인)(2014년 12월 16일)]. 이 수치는 용인시 전체 중산층 비율(38%)에 비해 수지구가 약 10% 높음을 보여 준다. 반면 2014년 기준 중산층 기준 소득을 4인 가족 기

준 월 422만 원으로 보았을 때 수원시의 27.8%가 중산층 이상의 소득을 보이고 나머지 약 60%에 해당되는 가구의 월평균 소득은 100-400만 원에 몰려 있다는 점에서 서민 가구가 대부분임을 알 수 있다(2014년 수원시 조사 발표 자료-행정간행물발간등록번호: 71-3740000-000115-100).

13 제9회 사회조사 결과표(용인)(2014년 12월 16일).

14 2014년 수원시 조사 발표 자료-행정간행물발간등록번호: 71-3740000-000115-100.

15 목회철학을 재정립하기 위한 토론 과정은 다음과 같다. 1. 목양장로 일일 수련회, 2. 교역자 4주간의 워크숍, 3. 목양장로와 교역자 연합 모임을 통한 3개의 팀 구성, 4. 순장들과의 비전 공유 모임, 5. 4주간의 비전 재정립에 대한 설교.

16 매주 모이는 다락방 모임과 달리 이날은 믿지 않는 이웃들을 다락방에 초청해 식사나 다과를 나누며 간단한 게임과 함께 진행한다. 순원들 중에서 예수님을 믿게 된 간증도 나누는 등 초청된 이웃들에 초점을 맞추어 진행한다.

17 믿지 않는 이웃들을 초청해서 복음을 전하는 집회이며, 매년 수능 시험이 마치는 주간에 진행된다. 믿지 않는 이웃들이 마음을 열 수 있도록 문화 공연을 겸하는 경우가 많으며, 분명한 복음의 메시지를 전한다. 이 행사를 위해 부활절에는 초청할 대상자를 작정하는 시간을 가지며, 가을 특별 새벽 부흥회 마지막 날에는 대각성 전도 집회를 위한 발대식을 교구별로 갖고 기도하는 등 1년 동안 기도로 준비한다.

18 시티투시티(City To City)는 미국 리디머교회 팀 켈러 목사가 주도하는 운동으로, 도시 안에 복음적 교회를 개척해 복음적 교회 생태계를 회복하는 운동이다. 한국 교회의 교회 생태계의 위기 속에서 교회 개척자를 훈련하고 지원해 복음적 교회를 통해 도시를 변화시키고자 하는 목적으로 시티투시티 코리아(City To City Korea)가 설립되었다.

19 2014년 가을 특별 새벽 집회는 9월 22일부터 2주간 "주기도문 강해"를 주제로 진행되었다.